Les dessous d'Internet

Au fil de l'électricité, histoire de comprendre

Antoine de Clerck

ellipses

Merci à mes lectrices de la première heure pour leurs commentaires et leurs encouragements. Merci à Yves pour son point de vue scientifique iné-galable et ses précieux conseils.

ISBN 978-2-7298-3147-9

32, rue Bargue 75740 Paris cedex 15

www.editions-ellipses.fr

Avant-propos

Ce livre est destiné à tout public, quelles que soient ses connaissances scientifiques, et surtout à toutes les générations, les plus jeunes comme les plus anciennes.

Il apporte un éclairage sur des éléments de notre vie courante et répond au rejet qu'expriment parfois les plus anciennes générations devant des innovations techniques telles qu'Internet. C'est souvent le fait d'un déficit d'explications simples, car si les détails de fonctionnement sont complexes, les grands principes sont généralement très abordables et compréhensibles par tous.

Il répond également à l'aveuglement technologique qui s'empare parfois des plus jeunes générations, avec l'idée que la technologie c'est formidable et qu'Internet va résoudre tous les maux de la planète. N'oublions pas que nos aïeuls ont été au moins aussi inventifs que nous, l'invention de l'électricité a par exemple apporté un bouleversement incroyable en son temps. Qu'ils fassent confiance aux vieux sages, aux appréciations qu'ils ne manqueront pas d'exprimer après qu'ils auront – enfin ! – compris Internet.

Sommaire

1. Au commencement était l'électricité

Pourquoi commencer à expliquer l'électricité pour expliquer Internet ? Parce que l'électricité est à l'origine de tout cela. Bien peu de technologies actuelles existeraient sans l'électricité, indispensable à notre vie quotidienne. La preuve : combien de fois par jour appuie-t-on sur un interrupteur électrique pour allumer la lumière ou mettre en marche un appareil ?

POUR LES CURIEUX

Un phénomène naturel domestiqué

L'électricité est avant tout un phénomène naturel que l'on trouve dans l'environnement et qui se matérialise notamment sous la forme de foudre. L'air ambiant contient de faibles charges électriques et celles-ci peuvent s'accumuler dans les nuages. La foudre est une décharge électrique à grande échelle qui survient lors des déplacements violents de vapeur d'eau dans des nuages d'orage dans lesquels des charges s'étaient accumulées.

À plus petite échelle, on « touche du doigt » l'électricité lors de décharges d'électricité statique, par exemple l'hiver lors d'un contact avec la poignée de sa voiture. Ceci est dû au frottement de certains matériaux entre eux, par exemple celui d'un pull en laine avec le corps humain, qui provoque une accumulation des petites charges électriques qui se déchargent au contact de la poignée métallique de la voiture.

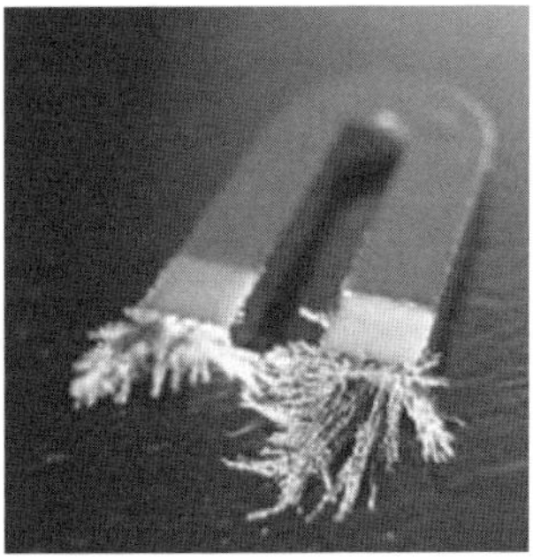

On a découvert par ailleurs qu'il y a une relation entre aimants et électricité. Les aimants naturels sont des pierres qui contiennent du fer et qui ont la propriété d'attirer ou de repousser certains matériaux, notamment des métaux. On a observé que le déplacement rapide d'un aimant à proximité d'un fil métallique crée un courant électrique dans celui-ci.

Saint Elme et saint Donat pour se protéger de la foudre

Donatus était un légionnaire romain qui sauva l'empereur Marc Aurèle en maîtrisant les éléments par ses prières. Depuis, saint Donat est le saint que l'on invoque pour se protéger du tonnerre, de la foudre et des orages.

Les marins, eux, prient saint Elme. L'histoire relate que saint Elme était en train de prêcher entouré de fidèles, lorsqu'un orage éclata brusquement. La terreur s'empara de l'assistance mais le saint demeura placide et l'on vit qu'au-dessus de sa tête le ciel restait calme et serein tandis que la foudre tombait à ses côtés, l'épargnant miraculeusement.

Les marins ont également donné le nom de « feux de Saint-Elme » au curieux phénomène qui fait apparaître des lueurs bleuâtres au sommet des mâts des bateaux certains soirs orageux. Cette manifestation est le résultat de décharges électriques ayant lieu dans l'air ambiant à proximité du mât d'un navire. Le dicton « Le feu Saint-Elme sur les mâts, annonce de vent grands débats » est un présage de mauvais temps.

Comme à l'état naturel l'électricité est difficile à collecter et à maîtriser, l'homme s'est intéressé de près à ce phénomène, qu'il a réussi à exploiter pour produire de l'électricité à grande échelle, surtout depuis la deuxième moitié du XIXe siècle.

On produit ainsi artificiellement de l'électricité grâce à des centrales électriques, soit à partir d'une force mécanique, par exemple l'eau d'un fleuve à travers un barrage, soit en transformant la chaleur en électricité, autrefois dans les centrales à charbon ou aujourd'hui les centrales nucléaires.

Pour ce faire on utilise la relation entre aimant et électricité : on fait tourner un gros aimant à l'intérieur d'une bobine de fil métallique pour créer un courant dans le fil. Les centrales électriques sont conçues comme de grands moulins qui font tourner une turbine, grande roue sur laquelle est fixé un gros aimant. La turbine tourne à l'intérieur d'une grande bobine, produisant ainsi de l'électricité dans la bobine. Les barrages utilisent directement la force de l'eau pour actionner la turbine, tandis que les centrales nucléaires agissent comme des chaudières géantes qui produisent de la vapeur d'eau, vapeur qui à son tour fait tourner la turbine.

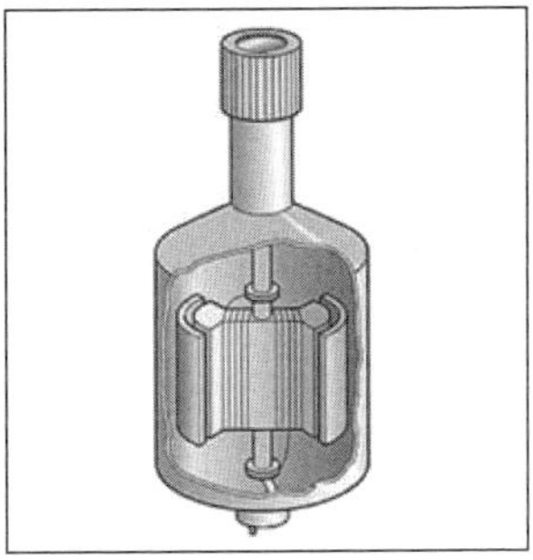

En branchant la bobine à un câble électrique on peut alimenter des villes entières en électricité. Les centrales électriques sont de grosses installations qui utilisent d'énormes aimants, mais on peut observer le même phénomène en miniature avec la dynamo de son vélo : la rotation de la roue entraîne la dynamo qui produit l'électricité nécessaire pour alimenter la lanterne du vélo.

Les batteries et les piles sont un autre moyen de disposer d'électricité. Dans ce cas, l'électricité résulte d'une réaction chimique entre différentes substances de la pile. Le matériau n'étant pas inépuisable, c'est aussi pour cela que les piles s'usent et ont une durée de vie limitée !

On utilise l'électricité de façon intensive aujourd'hui, que ce soit pour des applications industrielles dans les usines, pour les usages domestiques (réfrigérateurs, machines à laver, cafetières, téléviseurs, etc.), ou bien sous forme de piles pour des appareils simples tels qu'un réveil.

L'unité de mesure de l'électricité est le volt, dont le symbole est V. À la maison, l'électricité est à 220 V, mais on utilise aussi des piles à 1,5 V ou des batteries à 12 V.

Il n'est pas possible de stocker l'électricité à grande échelle, mais seulement à petite échelle sous forme de piles ou de batteries. C'est pourquoi la production d'électricité se fait en temps réel et les centrales produisent plus ou moins d'énergie en fonction de la consommation effective des ménages et des entreprises, suivant l'heure de la journée et les saisons.

Toutes les technologies décrites dans cet ouvrage ont vu le jour et fonctionnent grâce à l'électricité.

POUR LES PASSIONNÉS

L'électricité, une énergie omniprésente

Les utilisations courantes de l'électricité sont multiples, on peut les classer en plusieurs catégories :

- Le chauffage,
- L'éclairage,
- La production d'énergie mécanique : à la maison, battre les œufs en neige ou faire tourner un lave-linge ; à l'usine, faire fonctionner une machine-outil,
- L'alimentation d'appareils électroniques.

Le chauffage utilise une propriété particulière de l'électricité qui chauffe le matériau qu'elle traverse. Dans les radiateurs électriques on utilise une résistance, c'est-à-dire un fil métallique qui chauffe lorsqu'il est mis sous tension. L'éclairage est une application particulière de cette propriété, puisque le filament de l'ampoule est traversé par un courant électrique qui chauffe tellement fort que celui-ci rayonne de la lumière (mais aussi… de la chaleur !).

Pour produire une énergie mécanique à partir d'énergie électrique on utilise le phénomène de l'induction (voir encadré ci-après) suivant le procédé inverse de celui mis en œuvre pour convertir une énergie mécanique en électricité, à l'aide de moteurs capables de transformer le courant électrique en un mouvement de rotation. L'électricité permet donc le transport d'une énergie mécanique disponible en un certain lieu, l'eau d'un barrage par exemple, pour une utilisation en un lieu qui peut s'en trouver fort éloigné.

Entre tension et intensité

L'électricité est une forme d'énergie que l'on mesure par deux grandeurs : la tension et l'intensité.

La tension, mesurée en volts (V), est le « potentiel » à délivrer de l'énergie : une pile de 6 V peut potentiellement délivrer plus d'énergie qu'une pile de 3 V. Le courant domestique est délivré à la tension constante de 220 V en France.

L'intensité, mesurée en Ampères (A) est la force de l'énergie électrique. Une ampoule traversée par un courant de 3 A brillera plus intensément que si elle est traversée par un courant de 1 A.

Bien entendu, ces deux grandeurs sont liées : dans un même circuit électrique, si on veut faire passer un courant plus fort, il faut en augmenter la tension.

Le principe fondateur : l'induction

L'*induction* ou *phénomène du courant induit* est le principe de base permettant d'obtenir de l'électricité.

On utilise deux éléments :
- un aimant, matériau se trouvant à l'état naturel chargé d'électricité,
- une bobine, enroulement de plusieurs couches de fil métallique.

On a observé qu'en créant un mouvement de rotation de l'aimant par rapport à la bobine, un courant électrique était généré à l'intérieur de la bobine. C'est ce qu'on appelle l'induction, car l'aimant « induit » du courant dans la bobine. On produit de cette façon un courant en transformant une énergie mécanique (la rotation de l'aimant) en énergie électrique. Alors qu'il est difficile de produire de l'électricité à partir de ses états naturels, l'énergie mécanique est, elle, facilement disponible à travers la force de l'eau, de la vapeur, du vent, etc.

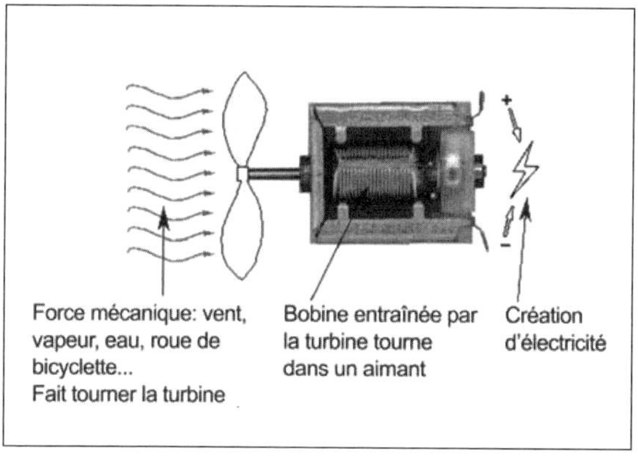

L'intensité du courant délivré à la maison varie à tout moment en fonction des appareils électriques qui sont en marche. Pour des raisons de sécurité, notamment les risques d'incendie, on installe un système automatique capable de couper le courant au-delà d'une intensité maximale. C'est ainsi que lorsque trop d'appareils gros consommateurs sont en marche simultanément, cela fait « sauter les plombs ». Les plombs sont aujourd'hui remplacés ou complétés par un disjoncteur, simple interrupteur qu'il suffit de réenclencher en cas de panne.

Sur nos factures, des kWh

On utilise également une troisième grandeur, le watt (W), qui est en fait une combinaison des deux précédentes (W = V x I). C'est une mesure de puissance : une ampoule de 60 W sera moins puissante qu'une ampoule de 100 W, elle délivrera moins de lumière. Elle consommera en revanche moins d'énergie : en effet, alimentée à 220 V, la grandeur I sera moins importante dans le premier cas que dans le second.

Et le kilowattheure de nos compteurs électriques ? Le kilowattheure, c'est en fait l'énergie électrique qui sera consommée en sortie de compteur chaque heure. Un kilowattheure c'est 1 000 watts par heure. La facture d'électricité est généralement basée sur la consommation en kilowattheures.

POUR LES EXPERTS

Une histoire de charges, d'isolants et de conducteurs

La charge est une notion qui permet de décrire la faculté naturelle qu'ont certains corps de s'attirer ou de se repousser. On a pris pour convention de classer les charges en deux catégories, les charges positives et les charges négatives. Ainsi, les charges de signe contraire s'attirent et celles de même signe se repoussent, à la manière des aimants.

La matière, à une échelle microscopique, est constituée d'atomes. Au centre de chaque atome, on trouve un noyau qui contient des particules appelées protons, dont la charge est positive. Autour de ce noyau tournoie un nuage d'électrons chargés négativement. Les protons et les électrons s'attirent, ce qui maintient les électrons en orbite autour du noyau. Les électrons les plus faiblement liés sont susceptibles de sortir de cette « sphère d'influence ». Ils se déplacent alors dans la matière, se regroupent dans une direction privilégiée et peuvent parfois sauter jusqu'à l'atome voisin. La charge ou la répartition de charges du corps est alors modifiée. C'est ce déplacement de charges que nous nommons l'électricité.

On classe les matériaux en deux grandes familles, les isolants et les conducteurs, que l'on distingue par leur capacité à conduire l'électricité. À l'intérieur d'un isolant le phénomène de déplacement des électrons n'a pas lieu, alors que dans un matériau conducteur il peut avoir lieu. Les métaux sont conducteurs, ainsi que l'eau. Le verre, le bois ou le plastique sont des matériaux isolants.

On peut définir l'électricité comme le phénomène résultant du mouvement de « charges » dans certains matériaux dits « conducteurs ».

Continu ou alternatif ?

On utilise le courant de deux façons différentes : le courant continu et le courant alternatif. Dans le cas du courant continu, le déplacement des électrons à travers le conducteur se fait toujours dans le même sens. Dans le cas du courant alternatif, le déplacement se fait alternativement dans un sens et dans l'autre.

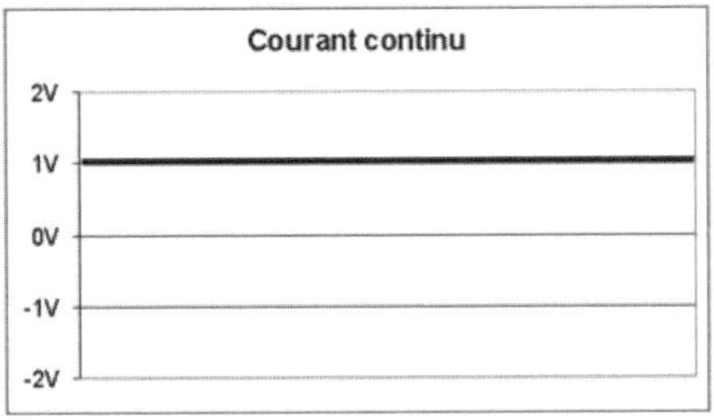

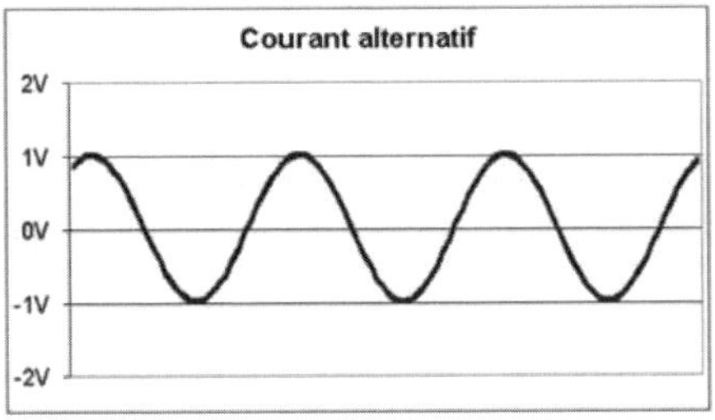

Le courant continu est celui généré par les piles ou les batteries de voiture : la tension délivrée est constante. Dans le cas du courant alternatif, la tension délivrée varie régulièrement, généralement de façon sinusoïdale. Le courant alternatif est celui généré par les centrales électriques que l'on reçoit à la maison.

Le grand avantage du courant alternatif sur le courant continu réside dans la possibilité d'en modifier les caractéristiques (tension et intensité) par un transformateur. Un transformateur est un appareil contenant deux enroulements de bobines de tailles différentes enroulées sur un même support magnétique qui, par phénomène d'induction, permet d'abaisser ou d'augmenter la tension d'un courant.

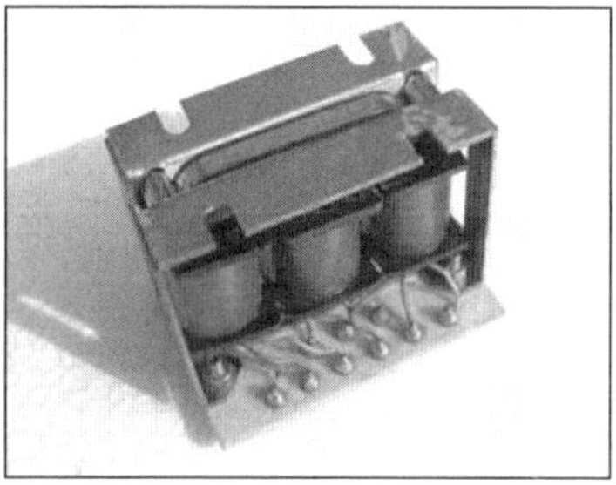

C'est fondamental car les hautes tensions étant dangereuses pour l'homme, l'usage domestique de l'électricité nécessite de petites tensions (quelques dizaines de volts). Or, on a observé que lors de son transport sur de longues distances, l'électricité perdait de son énergie sous forme de chaleur rayonnée par les fils électriques. Pour transporter l'électricité sur de longues distances, il est donc nécessaire de le faire à très haute tension (400 000 V) afin de lutter contre les déperditions. On utilise ensuite un transformateur pour abaisser la tension à 220 V et la rendre utilisable pour le grand public. Si on transmettait le courant en sortie de centrale à 220 V il ne resterait plus que quelques volts utilisables quelques kilomètres plus loin. C'est pourquoi les producteurs d'électricité utilisent le courant alternatif.

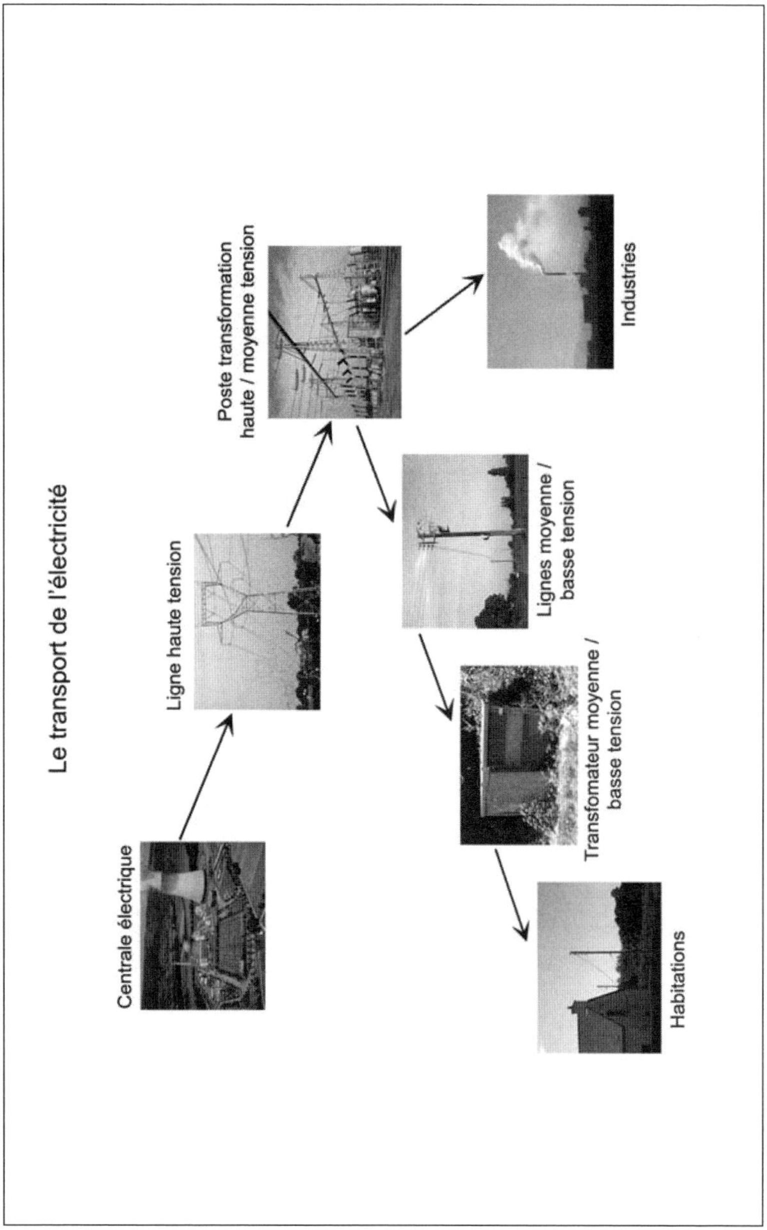
Le transport de l'électricité
Centrale électrique
Ligne haute tension
Poste transformation haute / moyenne tension
Industries
Lignes moyenne / basse tension
Transfomateur moyenne / basse tension
Habitations

La voiture électrique, une innovation récente?

La voiture électrique, bien que souvent perçue comme une innovation récente, est en réalité à peu près aussi ancienne que celle à essence. D'ailleurs, la première voiture de l'histoire à passer la barre mythique des 100 km/h était électrique. Il s'agit de «la Jamais Contente», un prototype en forme d'obus construit en 1889 par le Belge Camille Jenatzy et qui atteignit le record de 105,882 km/h. Le record fut battu ensuite par des véhicules à vapeur puis à essence.

2. L'électronique peut tout

Les mots « électricité » et « électronique » tiennent leur racine du latin *electrum* et du grec *elektron*. Ces deux mots désignent la même chose : l'ambre, résine fossile aujourd'hui utilisée en bijouterie. Nos lointains prédécesseurs avaient découvert son étonnante propriété : frottée par un tissu de laine, l'ambre dégage de l'électricité statique et attire des corps très légers comme de la paille ou des cheveux. Plus tard, nos aïeuls apprirent à domestiquer ce phénomène et à produire de l'électricité. Au cours de la première moitié du XXe siècle, ils eurent l'idée de s'en servir pour réaliser des appareils qui faciliteraient leur travail ou égayeraient leur quotidien, signant ainsi l'essor de l'électronique.

POUR LES CURIEUX

L'électronique, c'est l'utilisation de petits composants électriques pour réaliser des appareils qui simplifient et animent notre vie quotidienne.

Ces composants ont la propriété de transformer d'une façon maîtrisée et connue à l'avance le courant qui les traverse. Exactement comme une ampoule électrique constituée d'un filament métallique très fin qui, traversée par un courant, se met à chauffer jusqu'à devenir incandescent et diffuse de la lumière. On assemble ainsi des composants les uns avec les autres de façon à former un petit circuit qui, une fois alimenté par pile ou par l'électricité de la maison, donne vie au téléphone, à la télévision ou à un ordinateur.

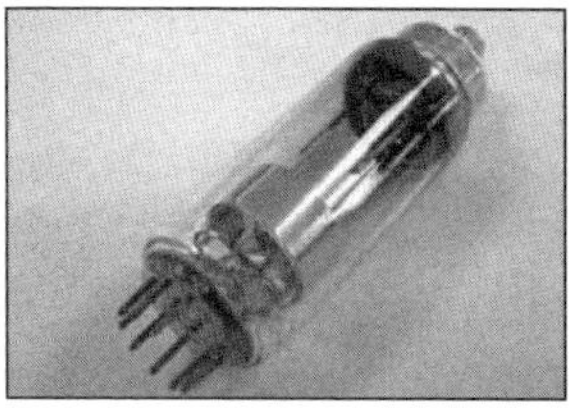

L'amplification

L'amplification est une des premières fonctions de l'électronique, et l'un des tout premiers composants électroniques inventé fut le tube à vide (ou lampe). Sa principale utilisation est l'amplification d'un signal, par exemple pour régler le son de son poste radio. On possède tous une chaîne hi-fi ou un récepteur radio, sur lesquels on contrôle le volume en déplaçant un curseur ou en tournant un bouton. Ceci est réalisé grâce à un circuit électronique « amplificateur de son ». On utilise pour cela un tube à vide, qui a la propriété de restituer de façon amplifiée par l'un de ses plots, l'électricité entrée par l'autre de ses plots. En tournant le bouton de volume on agit directement sur la quantité d'électricité traversant le tube, qui à son tour amplifie plus ou moins le son du poste. Plus tard, les transistors ont remplacé les tubes à vide : ce sont des composants qui réalisent la même fonction mais qui sont plus petits, beaucoup moins fragiles et moins chers. Ils ont donné leur nom aux postes radio ordinaires.

Les évolutions de l'électronique

Les appareils électroniques les plus répandus sont la radio, la télévision, la hi-fi. Mais l'électronique est aujourd'hui omniprésente et presque tous les appareils qui nous entourent sont gagnés par l'électronique : les horloges et les réveils, l'électroménager, les appareils photos et même l'automobile...

Les technologies électroniques évoluent très vite, notamment dans le sens de la miniaturisation. On sait aujourd'hui réaliser sur de tout petits espaces des circuits électroniques qui prenaient beaucoup de place il y a encore quelques années. Par exemple, les calculatrices d'antan étaient de solides machines qui pouvaient peser plusieurs kilos, alors qu'aujourd'hui on réalise les mêmes fonctions sur une montre de quelques cm^2.

1968 : calculatrice (HP)

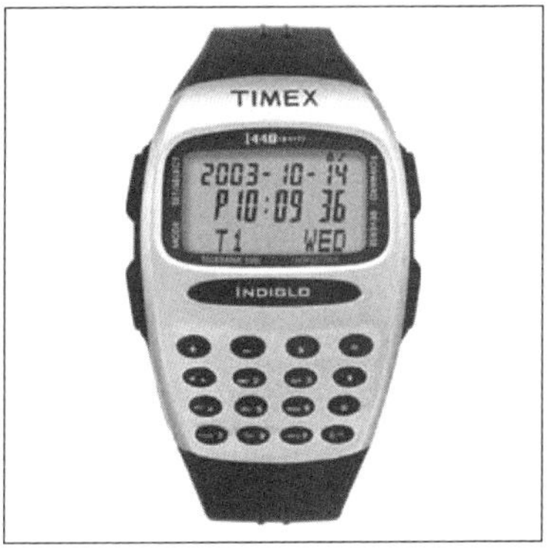

1990 : montre calculatrice (Timex)

Les puces électroniques que l'on trouve sur nos cartes bancaires sont également de minuscules petits circuits électroniques capables d'enregistrer et d'échanger nos données bancaires par l'intermédiaire des guichets automatiques ou des terminaux de paiement chez les commerçants.

L'électronique numérique

Une autre évolution importante de l'électronique est l'apparition du « numérique ». On entend par exemple beaucoup parler des appareils photo numériques. Le *Compact Disc* (CD), qui a supplanté l'usage des cassettes à bande magnétique, utilise également l'électronique numérique, de même que le *Video Disc* (DVD).

L'électronique numérique a pour principe de transformer le signal d'origine en séries de chiffres codés, d'où l'utilisation du terme « numérique ». Ainsi, sur un *Compact Disc,* chaque note de la musique originale est transformée en une série de chiffres et ce sont ces chiffres qui sont enregistrés sur le disque. Le lecteur de disque va déchiffrer le disque et retransformer chaque série de chiffre en sa note originale. L'avantage du CD est qu'il se lit grâce à un petit rayon lumineux (un laser) qui restitue un son de bien meilleure qualité que le disque en vinyle sur lequel le diamant frotte et crée des parasites.

L'électronique numérique offre aussi l'avantage de pouvoir stocker plus d'information sur des supports plus petits qui ne se dégradent pas dans le temps ou à l'usage. Par exemple, lorsqu'on utilise un appareil photo traditionnel, l'image visée laisse une impression sur un papier spécial, la pellicule. Lorsqu'on la développe, la pellicule subit une transformation chimique qui permet d'obtenir une photo sur papier, qui se conserve mal avec le temps. Un appareil photo numérique n'utilise pas de pellicule mais va coder l'image visée sous forme de nombreuses suites de chiffres puis les enregistre en mémoire. Chaque suite de chiffres correspond à un minuscule élément de l'image. Pour pouvoir reconstituer l'image, il n'y a pas besoin de développement, on décode la série de chiffres en sens inverse. On peut ensuite l'afficher sur son écran d'ordinateur ou l'imprimer.

POUR LES PASSIONNÉS

Les composants, les circuits et cartes électroniques

Les composants électroniques sont des petits éléments constitués de divers matériaux (isolants, conducteurs ou matériaux hybrides appelés semi-conducteurs) qui permettent de modifier un signal électrique de façon à faire fonctionner tel ou tel appareil. Le principe de l'électronique est donc de faire circuler un courant électrique dans un circuit constitué de plusieurs composants. Les composants agissent sur le courant et le transforment pour lui faire réaliser la fonction de l'appareil : lecture d'un disque, récepteur radio ou de télévision, etc.

Les composants de base en électroniques sont les résistances, les condensateurs (qu'on appelle aussi capacités), les diodes, les transistors. Pour réaliser un appareil, on assemble différents composants les uns avec les autres en les reliant par des fils électriques. On réalise ainsi un circuit électronique. Bien souvent les circuits électroniques sont « implantés » dans des cartes en plastique, ce qui permet de les manipuler et de les insérer plus facilement dans les divers boîtiers, on les appelle alors les cartes électroniques.

La transmission du son par l'électricité : le retour de l'induction

Le son est une onde qui se propage dans l'air par transmission de proche en proche de la variation de pression engendrée par une source sonore, la voix humaine par exemple. Pour transmettre le son par l'électricité, on utilise un microphone et un haut-parleur.

Un microphone est constitué d'une peau ou d'une membrane qui vibre en fonction du son auquel elle est exposée. On fixe un bobinage électrique sur la membrane, qui bouge à l'intérieur des pôles d'un aimant fixe. En vertu du principe d'induction (voir chapitre 1), le mouvement du bobinage au sein de l'aimant crée un courant électrique dans la bobine, proportionnel au mouvement de la membrane, donc proportionnel au son émis.

Une fois ce courant créé, on peut le transporter sur un fil électrique jusqu'à un récepteur équipé d'un haut-parleur.

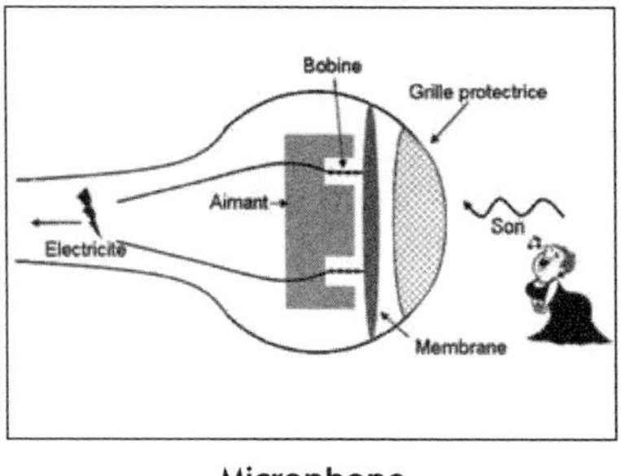

Microphone

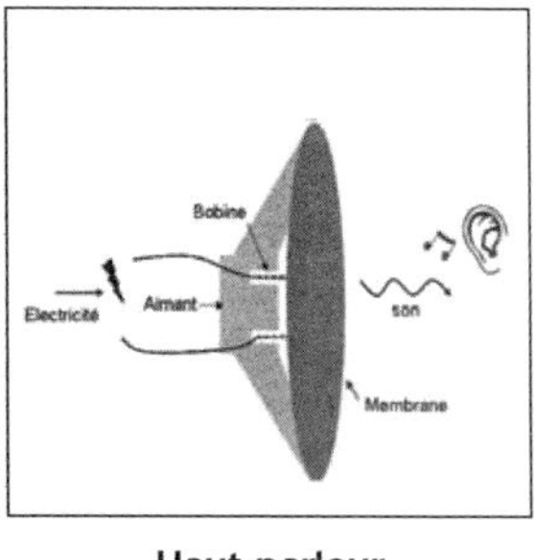

Haut-parleur

Le haut-parleur est constitué selon le principe « miroir » du microphone : une membrane mobile est fixée sur une bobine, placée entre les pôles d'un aimant. Le courant se propage dans la bobine, qui par effet d'induction va bouger par rapport à l'aimant et va donc faire vibrer la peau de façon proportionnelle au courant. La peau en vibrant va restituer le son d'origine.

Ce principe est universellement utilisé pour le téléphone, la radio, la télévision, la hi-fi, etc.

La microélectronique et les circuits intégrés (puces)

La microélectronique, c'est la miniaturisation des composants et des circuits électroniques. Au fil des progrès technologiques, les composants électroniques se sont de plus en plus miniaturisés, combinant les avantages d'un gain de place, d'une plus grande fiabilité et d'une moindre consommation en électricité.

L'innovation des circuits intégrés consiste à intégrer en un seul composant, qu'on appelle souvent puce électronique – par référence à leur petitesse –, des fonctions auparavant assurées sur une carte électronique entière par plusieurs composants distincts. Il faut imaginer sur 1 cm^2 un véritable « petit circuit » électronique capable par exemple de réaliser des calculs ou d'enregistrer des données.

Les cartes à puces sont fabriquées en incrustant une puce électronique dans une carte en plastique de la taille d'une carte de visite. La carte sert alors de carte de crédit, de carte de téléphone ou encore de carte de parking. La puce permet de communiquer avec le distributeur de billets, de compter les crédits téléphoniques ou de contrôler l'ouverture de la porte du parking.

POUR LES EXPERTS

Analogique contre numérique

Au départ dite analogique, l'électronique est à présent presque exclusivement numérique. Tout est devenu numérique. À quand le robot mixer numérique ?

L'analogique

Une grandeur physique est dite analogique lorsqu'elle est continue et qu'elle varie dans le temps sans discontinuité. Par exemple, la température au cours d'une journée évolue graduellement. C'est une grandeur analogique. On passe de 12 °C à 25 °C en plusieurs heures tout au long de la journée et non de manière brutale en un instant.

La plupart des grandeurs réelles sont analogiques : température extérieure, bruit, vitesse d'une voiture, intensité lumineuse.

En électronique les grandeurs sont représentées par des tensions et des courants. En électronique analogique les grandeurs électriques sont proportionnelles aux grandeurs réelles physiques qu'elles représentent. Par exemple dans le cas du compteur de vitesse d'une bicyclette, la vitesse du vélo est « transformée » par une dynamo en un courant proportionnel à la vitesse, qui fera varier l'aiguille du compteur proportionnellement à la vitesse du vélo.

Depuis l'invention du transistor en 1948, l'électronique analogique tend à disparaître au profit de l'électronique numérique, bien que dans certains domaines comme la radio ou la télévision, l'analogique soit encore prédominante de nos jours.

Le numérique

En numérique, une grandeur physique ne prend qu'un nombre fini de valeurs et varie de façon discontinue d'une valeur à l'autre. Pour comprendre la différence entre analogique et numérique, on peut prendre l'exemple d'une lampe équipée d'un interrupteur ou d'un variateur. Lorsqu'on utilise le variateur on peut faire varier l'intensité de la lampe, avec une infinité de positions, et de façon continue. L'interrupteur, lui, ne permet que deux états de la lampe : allumée ou éteinte, donc deux positions discontinues. Le variateur correspond à une utilisation « analogique » de la lumière, alors que l'interrupteur correspond à une utilisation « numérique ».

On peut représenter l'état de l'interrupteur par deux mots différents tels qu'*allumé* ou *éteint*, ou encore *passant* (le courant passe) ou *bloqué* (le courant ne passe pas). En électronique, au lieu d'utiliser des mots pour représenter deux états, on utilise les chiffres 0 et 1. Par exemple, on fait correspondre 0 à l'état *éteint* et 1 à l'état *allumé*.

Généralement un état est matérialisé par une tension : l'état 0 sera matérialisé par une tension nulle et l'état 1 par une tension positive (+ 5V par exemple). En numérique, l'information est donc délivrée sous la forme d'un certain nombre d'états finis discontinus, matérialisés par des successions de tensions positives ou nulles.

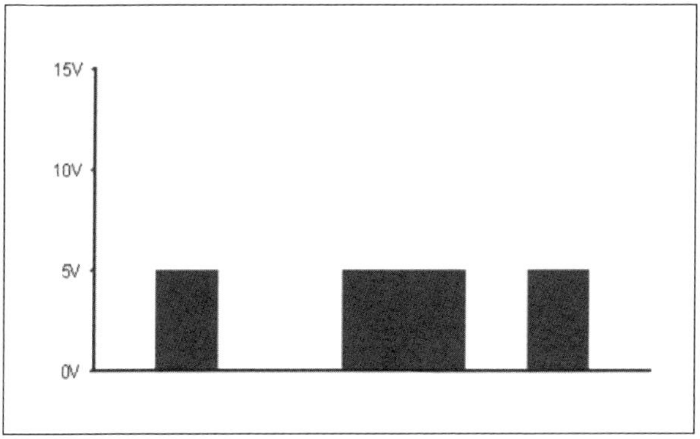

Pour illustrer ce propos, prenons l'exemple d'un thermomètre numérique. Un capteur capte la température et transmet le résultat à un afficheur. Si on choisit de n'afficher que deux états, *chaud* ou *froid*, on peut alors associer *froid* à l'état 0 et *chaud* à l'état 1. Lorsqu'il fait chaud, le thermomètre transmettra + 5 V à l'afficheur, c'est-à-dire l'information 1, lorsqu'il fait froid il ne transmettra pas de signal, ce qui correspond à l'état 0. Par la suite, si l'on veut être plus précis, on pourra choisir d'afficher quatre états : *froid*, *tiède*, *chaud*, *très chaud*. Comme un seul chiffre (0 ou 1) ne permet pas d'exprimer quatre états, il faut en utiliser deux. Chaque état sera alors représenté par une succession de deux chiffres, par exemple :

Froid	=	00
Tiède	=	01
Chaud	=	10
Très chaud	=	11

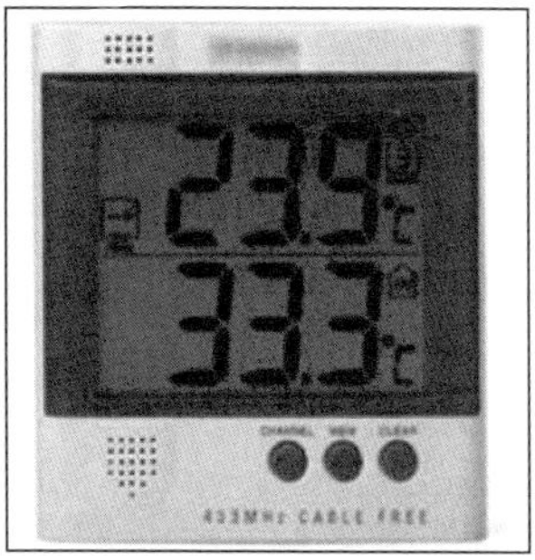

Lorsqu'il mesure une température, le thermomètre transmet à l'afficheur une succession de deux signaux. Si l'afficheur reçoit deux impulsions à + 5 V, il affichera alors *très chaud*, s'il reçoit une impulsion à + 5 V puis pas d'impulsion, il affichera alors *chaud*, et ainsi de suite.

On peut ainsi multiplier le nombre d'états possibles, entre chaud et froid, il suffit de considérer une succession de chiffres plus importante pour exprimer chaque état. En multipliant le nombre d'états possibles on s'approche des valeurs analogiques réelles. Par exemple, pour un thermomètre numérique qui mesure des températures entre 0 °C et 40 °C, si on considère qu'il y a 100 états possibles, on arrive à une précision de 4/10e de degré, précision qui n'est généralement même pas visible sur un thermomètre analogique.

Le mot numérique a été choisi parce qu'on représente souvent ces états par des nombres. En général, on choisit le système binaire, système de numération utilisant la base 2, c'est-à-dire représentant des valeurs telles que « tout » ou « rien » (voir encadré).

Le système binaire

Le système que l'on utilise couramment pour compter est le système décimal, de base 10, qui utilise les dix chiffres 0 1 2 3 4 5 6 7 8 9 en les combinant pour former les dizaines, centaines et milliers. C'est le système usuel, retenu tout simplement parce que nous avons dix doigts aux mains et que cela se révèle fort pratique pour compter.

En électronique numérique, et par la suite en informatique, on souhaite coder les informations par un système n'utilisant que deux positions. On utilise alors le système binaire, système de numération utilisant la base 2, dont les chiffres retenus sont par convention 0 ou 1. Un chiffre binaire est appelé couramment *bit* (de la contraction de l'anglais *binary digit*).

On peut facilement passer du mode décimal au mode binaire en codant chaque chiffre décimal par une série de chiffres binaires, par exemple :

0 = 0000	3 = 0011
1 = 0001	4 = 0100
2 = 0010	etc.

En système binaire on peut effectuer les mêmes opérations arithmétiques, addition, soustraction etc. qu'en système décimal avec dès règles spécifiques, mais aussi des opérations logiques (en utilisant l'algèbre de Boole : ET, OU, NON...), opérations qui sont à la base des fonctions électroniques réalisées par nos appareils.

Par exemple, une calculette numérique que l'on utilise pour effectuer l'addition 13 + 2 va traduire chaque chiffre décimal en chiffre binaire, puis faire l'addition en système binaire avant de traduire de nouveau le résultat en décimal et d'afficher 15.

Cela se passe de la même façon au cœur de nos ordinateurs ou appareils photos numériques : chacune des tâches commandées à l'appareil est décomposée en somme de multiples petites tâches élémentaires, traduites en opérations mathématiques simples sur des suites de 0 et de 1.

Avantages du numérique sur l'analogique

Le numérique, bien que ne représentant pas des valeurs réelles, peut à certaines conditions les approcher de façon équivalente. Mais alors quel avantage y a-t-il à utiliser le numérique ?

Le gros avantage du numérique est sa très faible sensibilité aux dégradations apparaissant lors de la transmission de l'information. En effet, la transmission d'information en électronique se fait via des signaux électriques sur des circuits électriques. Or, on observe que lors de sa transmission, un signal électrique est souvent dégradé par une chute de tension lorsqu'il y a de longues distances ou bien il est parasité par l'environnement électromagnétique. Cela se traduit par des variations sensibles des tensions transmises : si le signal initialement transmis doit avoir une valeur de 5 V, il se peut qu'après transmission il soit mesuré à 4,5 V. Un système analogique affichera donc une valeur fausse. En numérique, les signaux transmis étant du type « tout » ou « rien », par exemple 0 V ou 5 V, si le système reçoit 4,5 V il l'assimilera automatiquement à 5 V et pourra afficher la valeur exacte.

L'autre avantage du numérique est le fait qu'on puisse plus facilement mémoriser l'information, en utilisant des composants électroniques qui jouent le rôle de mémoire.

On utilise donc aujourd'hui presque exclusivement l'électronique numérique que ce soit pour les ordinateurs, les téléphones, etc. L'électronique analogique n'est pratiquement plus utilisée sauf dans quelques domaines très précis, par exemple pour des applications sonores, où l'amplification par tube est réputée plus « chaleureuse », à cause même de ses défauts, que l'amplification numérique par transistor.

Les exemples où l'électronique numérique a supplanté l'électronique analogique sont nombreux : le CD a remplacé la cassette et le disque vinyle, la vidéo, le super 8, l'appareil photo numérique, les pellicules argentiques…

Le transistor

Le transistor a été inventé pour remplacer les lampes d'amplification. Son usage en électronique est capital, car l'amplification est la fonction la plus couramment utilisée en électronique.

Ses propriétés sont telles qu'il est utilisé de façon très différente en analogique ou en numérique. En analogique, c'est un composant amplificateur, il restitue en sortie un signal supérieur à celui entré.

En numérique, le transistor se comporte comme un interrupteur : suivant la tension qui lui est appliquée, il laisse passer tout le courant ou au contraire le bloque. Le transistor permet ainsi de coder un signal suivant une suite de 0 et de 1.

Le transistor est l'élément central de l'analogique comme du numérique, c'est véritablement l'élément de base de la micro-électronique.

Il combine les avantages d'une consommation réduite d'énergie et d'une miniaturisation possible, permettant d'intégrer de plus en plus de circuits électroniques dans des volumes réduits et sur des appareils portables fonctionnant sur pile ou batterie.

Les semi-conducteurs

On l'a vu, il existe dans la nature deux grandes catégories de matériaux : les isolants, non conducteurs d'électricité, et les conducteurs, principalement les métaux, qui conduisent l'électricité.

On a récemment découvert néanmoins une troisième catégorie de matériaux : ils se situent entre les isolants et les conducteurs, ayant parfois les propriétés de l'un ou de l'autre en fonction de la température mais aussi en fonction du courant qui les traverse. On les a appelés les semi-conducteurs. On obtient avec les semi-conducteurs des propriétés fort intéressantes en électronique, du type : ne laisser passer l'électricité qu'à partir d'un seuil de tension, ou encore ne laisser passer l'électricité que dans un sens. Le matériau semi-conducteur le plus utilisé est le silicium, constituant que l'on retrouve fréquemment dans le sable, mais il y en a d'autres comme par exemple le germanium.

La découverte et l'exploitation des semi-conducteurs sont déterminantes pour la fabrication de circuits intégrés : des tranches de silicium sont traitées chimiquement afin de modifier localement la structure de la matière et de créer, en y apportant des impuretés métalliques convenablement choisies, des composants particuliers qui vont remplir les fonctions voulues. C'est ainsi que par transformation chimique de la matière on arrive à créer des transistors dans une tranche de silicium.

Enregistrer un CD : exemple du codage numérique du son

Les grandeurs physiques réelles sont analogiques: température, vitesse, lumière, son, etc. Pour qu'un circuit numérique puisse les exploiter (enregistrer un disque, transmettre une conversation téléphonique, filmer un beau paysage ou les premiers pas d'un bébé) les informations analogiques doivent être « codées » en numérique.

Dans notre exemple, un musicien joue de la musique. La musique est un son, qui peut être transformé en signal électrique analogique par un microphone.

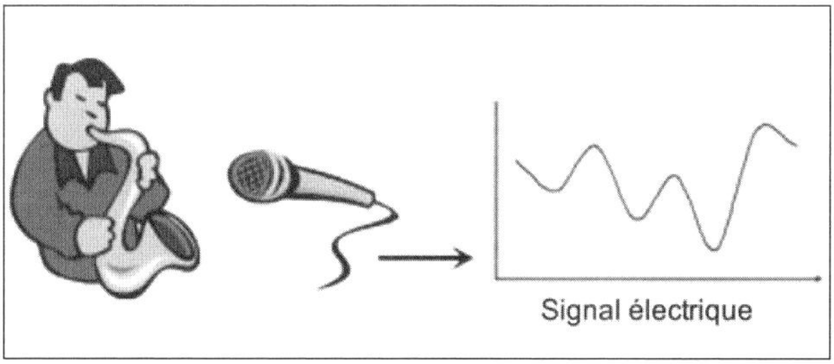

Le signal électrique est directement proportionnel au son joué par le musicien.

Les différentes étapes de transformation du signal analogique en un signal numérique sont ensuite l'échantillonnage, la quantification et le codage.

Échantillonnage

On va en fait ne considérer qu'un échantillon du signal, c'est-à-dire un nombre limité de valeurs mesurées à intervalles réguliers. Ne considérer qu'un échantillon peut paraître déroutant, mais remarquons que dans la vie, on échantillonne beaucoup et assez naturellement sans que cela pose problème. Par exemple, lorsque l'on conduit, notre vision de la route n'est en fait qu'un échantillon de la réalité, non seulement parce que notre vision est entrecoupée par les battements de paupières, mais aussi parce que de temps à autre nous jetons un œil sur le rétroviseur ou le compteur de vitesse. Notre échantillon de la route est néanmoins suffisant pour conduire en toute sécurité. Le cinéma est une technologie qui fait également appel à l'échantillonnage puisqu'il reconstitue le mouvement grâce au défilement rapide de successions de photographies instantanées, qui ne sont que des échantillons de la réalité, au rythme de 24 images par seconde (voir chapitre 3).

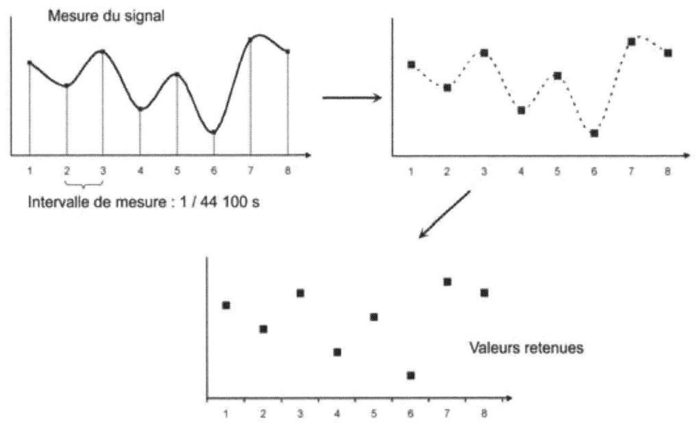

L'échantillonnage consiste donc à mesurer la valeur du signal réel à intervalles réguliers et à ne retenir que ces valeurs. Si les intervalles de mesure sont suffisamment rapprochés on peut restituer le signal d'origine de façon satisfaisante comme on le verra par la suite. Dans le cas de notre enregistrement musical, on mesure le son tous les 44 millièmes de seconde, et seules ces valeurs seront retenues.

Quantification

On quantifie ensuite chaque échantillon sur une échelle avec un certain nombre de valeurs discrètes prédéterminées.

Dans notre exemple on choisit une échelle allant de 0 à 10, chaque point d'échantillon ne pouvant prendre comme valeur que 0, 1, 2, 3, 4, 5, 6, 7, 8, 9, 10.

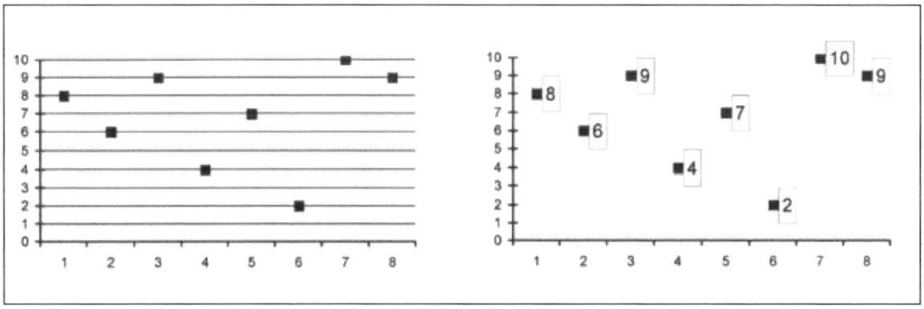

La musique est ainsi transformée suivant la séquence numérique 8 6 9 4 7 2 10 9.

Codage

Chacune de ces valeurs quantifiées est transformée en une suite de chiffres binaires (bits). Généralement, à l'intérieur d'un même système, on utilise pour chaque valeur un nombre constant de bits, souvent 16 ou 24. Cela permet d'utiliser des échelles très précises et donc une plus grande finesse (plus de 60 000 valeurs dans le cas de 16 bits et plus de 16 millions dans le cas de 24 bits). Chaque suite de bits, suite de 0 ou de 1, représente donc une valeur possible.

Dans notre exemple, l'échelle allant de 1 à 10, il suffit d'une suite de 4 bits pour pouvoir coder les 10 valeurs possibles. Le codage se fait suivant l'équivalence suivante :

0 = 0000	6 = 0110
1 = 0001	7 = 0111
2 = 0010	8 = 1 000
3 = 0011	9 = 1001
4 = 0100	10= 1010
5 = 0101	

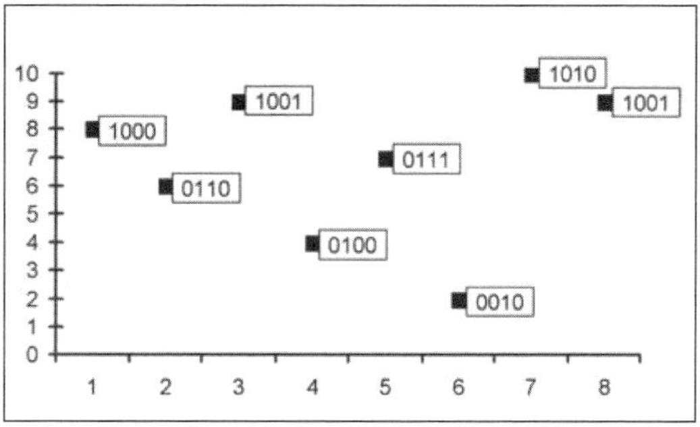

La musique est donc maintenant codée en mode binaire, suivant la séquence :

1000 0110 1001 0100 0111 0010 1010 1001

Le codage se fait en temps réel au fur et à mesure que le musicien joue, à l'aide d'un circuit électronique convertisseur analogique-numérique qui prend en charge les fonctions échantillonnage, quantification et codage.

Pour transmettre le son on peut alors transmettre à la suite les 0 et les 1, grâce à un signal électrique ou lumineux, et l'enregistrer sur un support qui le mémorise, tel qu'un Compact Disc.

Enregistrement sur un Compact Disc

Un Compact Disc est un disque en matière plastique gravé en spirale de minuscules cavités de taille régulière, suivant la suite de 0 et de 1 de la musique codée. Le passage de la surface régulière à une cavité ou inversement signifie le code « 1 », alors que rester sur la surface régulière ou au fond d'une cavité signifie le code « 0 ».

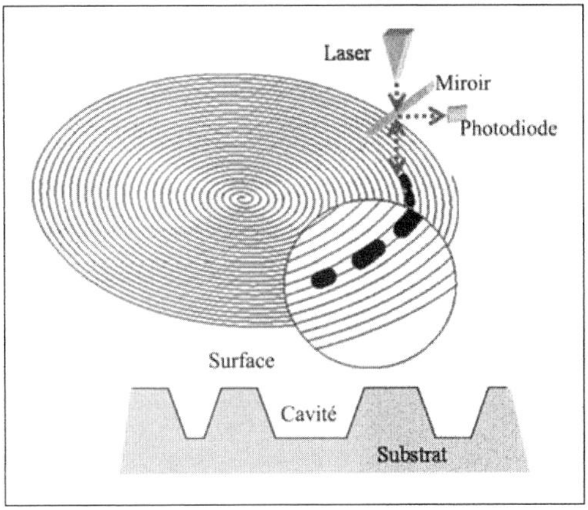

Un rayon lumineux (rayon laser) vient frapper la surface du disque en rotation et se réfléchit différemment suivant le fait qu'il rencontre une cavité ou non. Les variations de la lumière réfléchie sont traduites par un capteur en suite de 0 et 1.

C'est suivant cette chaîne que l'on code puis enregistre de la musique sur un support numérique.

Restitution du son

Les signaux sonores perceptibles étant analogiques, la restitution du son passe par la transformation du numérique en analogique, à l'inverse du procédé précédent. Cela se fait à l'aide d'un circuit électronique convertisseur numérique-analogique. Le lecteur de CD de la chaîne hi-fi va ainsi transformer le signal numérique gravé sur le CD en un son analogique suivant la chaîne inverse de celle décrite précédemment : chaque suite de bits est lue, décodée d'une valeur binaire en une valeur décimale puis transformée en un signal électrique proportionnel à la valeur qu'il représente. Comme l'on ne dispose que d'un échantillon du signal, on reconstitue le signal d'origine par extrapolation, c'est-à-dire en rajoutant artificiellement le « liant » entre deux valeurs discontinues. Dans l'exemple ci-dessous, en considérant des segments de droite entre chacun des points, on se rapproche du signal initial (en pointillé).

En fait, on réussit à recomposer le signal d'origine de façon très fidèle, d'une part parce que la cadence d'échantillonnage utilisée pour coder le signal en numérique est très grande (on dispose donc d'un grand nombre de valeurs), d'autre part parce que les systèmes de conversion sont assez perfectionnés et permettent une extrapolation plus fine que dans l'exemple ci-dessus.

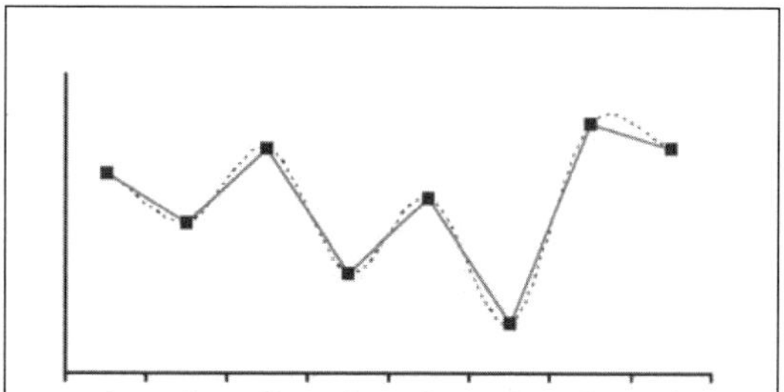

Une fois converti en analogique, le signal est transmis aux haut-parleurs et produit l'enchaînement de son mélodique initialement codé sur le disque.

Qualité numérique

Bien que le son d'origine subisse plusieurs transformations et approximations, la qualité du son numérique est souvent jugée bien meilleure qu'en analogique. Cela est dû au meilleur comportement du numérique face aux parasites qui interviennent inévitablement dans la chaîne d'enregistrement et de restitution du son. Ainsi, la musique numérique d'un CD, bien qu'issue d'un échantillon reconstitué de la musique originelle, offre une meilleure qualité auditive que celle, analogique, d'un disque vinyle ou d'une cassette magnétique, très sensibles aux parasites tels que le frottement du diamant sur le disque ou l'usure de la bande de la cassette.

3. La magie des ondes

Les ondes, ça semble un peu magique : par une opération mystérieuse un signal se transmet à travers les airs, et en déployant une petite antenne on a la surprise d'entendre la voix d'un présentateur enfermé dans un studio ou de voir des images filmées à des centaines de kilomètres de là.

POUR LES CURIEUX

La première utilisation à grande échelle de la communication par les ondes fut la télégraphie sans fil (TSF), avec des applications importantes pour la navigation et l'aviation. Puis, au cours des années 1920, des stations de radiodiffusion se créent dans le monde entier, offrant au grand public un nouveau média.

Une onde, qu'est-ce que c'est ?

On va avant tout parler des ondes grâce auxquelles on capte la télévision, la radio et à présent le téléphone, mais les ondes sont de natures plus variées.

Par exemple, lorsque l'on parle, le son se propage sous forme d'ondes. Un bon moyen de visualiser ce qu'est une onde et comment elle se propage est de jeter un pavé dans la mare : cela forme sur l'eau une vague qui se propage dans toutes les directions. Eh bien cette vague concentrique est une onde.

Les ondes qui nous intéressent ici sont les ondes radio, abréviation de radioélectrique. Une onde radio est, elle, invisible mais un peu comparable à une vague sur l'eau. De la même façon que le caillou donne naissance à une vague en perturbant les eaux calmes de l'étang, en faisant circuler de l'électricité dans une antenne on modifie l'environnement immédiat de l'antenne. On génère ainsi une sorte de vague « électrique » qui va se propager dans l'air comme la vague sur l'étang. On capte ensuite cette vague électrique par une autre antenne qui va être sensible à l'onde (de la même façon que le drapeau était sensible à la vague d'eau, voir encadré page suivante). Les ondes radio n'ont besoin pour se propager d'aucun support matériel, elles se propagent dans le vide aussi bien que dans l'air, ce qui permet notamment de communiquer par satellite ou avec les engins spatiaux.

Les radiocommunications

Les radiocommunications, communications par onde radio, sont nées à la fin du XIXe siècle lorsque des savants découvrent la propagation des ondes électromagnétiques et inventent des méthodes d'émission et de réception des ondes. Le savant hertz est un contributeur important aux travaux sur les ondes. Il a laissé son nom aux ondes radio communes qu'on appelle aussi ondes hertziennes.

La communication par les ondes

Imaginons un illuminé vivant seul et retiré au milieu d'une petite île sur un lac. Comme il a besoin de temps à autre qu'on lui envoie à manger, il a imaginé le système suivant : un drapeau rouge est fixé sur la berge. Drapeau baissé signifie « laissez-moi tranquille », drapeau levé signifie « j'ai faim, apportez-moi à manger ». Le drapeau se dresse lorsqu'une vague atteint la berge et soulève un petit flotteur auquel il est relié. Lorsqu'il a faim, notre illuminé jette dans l'eau un gros caillou. Une vague se forme près de l'île puis se propage jusqu'à la berge et le drapeau se soulève.

Après qu'on lui a apporté à manger, il est convenu que le drapeau est abaissé manuellement. Il se redressera la prochaine fois que l'illuminé aura faim.

Le tour est joué, notre illuminé va pouvoir manger. Il a communiqué grâce aux ondes.

L'idée géniale a été d'utiliser les ondes radio pour transmettre le son et l'image, ce qui a donné naissance à la radio, la télévision et au téléphone mobile.

Pour ce faire, on utilise tout d'abord un système électronique pour transformer le son ou l'image en signal électrique (voir chapitre 2). Ensuite, pour transformer ce signal en une onde radio on utilise une antenne émettrice constituée d'éléments métalliques qui peuvent être de différentes formes selon le type de signal (radio, TV, téléphone). On injecte dans l'antenne le courant électrique variable résultant du son ou de l'image à transmettre, qui va véritablement rayonner autour de l'antenne. Une onde électromagnétique se crée puis se propage de proche en proche librement dans l'air, parfois sur des centaines de kilomètres.

Pour capter cette onde, on utilise une antenne réceptrice constituée de tubes métalliques de différentes tailles et formes, qui, au contact de l'onde va la retraduire à l'inverse en signal électrique. Ce signal électrique, après être passé dans le circuit électronique adéquat, restituera l'image ou le son.

Nous sommes ainsi en permanence entourés d'ondes de toutes sortes et de toutes natures. Il faut bien se figurer que si notre poste radio, notre téléviseur et notre téléphone portable fonctionnent, c'est qu'ils captent les ondes qui leur sont destinées et nous y sommes donc également exposés. Mais leur faible intensité électrique fait qu'on ne peut pas être comme « électrocuté » par les ondes radio (voir encadré « Danger pour l'homme » page 49-50).

Comment faire alors pour que les ondes ne se « mélangent » pas ?

Comme on veut pouvoir émettre simultanément sur une même zone géographique plusieurs chaînes de télévision, plusieurs radios et de nombreuses conversations téléphoniques, il a fallu trouver un moyen pour que toutes ces ondes ne se mélangent pas. C'est comme si, sur la berge de l'illuminé de l'île déserte, il y avait à présent, en plus du drapeau rouge signifiant « j'ai faim », un drapeau vert signifiant « j'ai soif ». Il faut donc trouver un moyen de faire lever un drapeau indépendamment de l'autre. Le moyen le plus fiable qui a été trouvé est de jeter des cailloux de tailles différentes : on a remarqué que les gros cailloux engendraient des grosses vagues alors que les petits cailloux engendraient des petites vagues. On a donc mis au point un système qui permet au drapeau rouge d'être sensible aux grosses vagues, générées par les gros cailloux, et au drapeau vert d'être sensible aux petites vagues, générées par les petits cailloux. Pour les ondes, on utilise un système analogue, chaque station émet une onde de forme différente et bien spécifique. L'antenne réceptrice capte toutes les ondes environnantes, mais on règle ensuite le circuit électronique pour ne sélectionner et ne retransformer que celle dont la « forme » est celle voulue. C'est la fonction du petit bouton de son poste radio que l'on tourne pour choisir sa station préférée.

La radio sauve la tour Eiffel

La tour Eiffel construite à l'occasion de l'Exposition universelle de 1889 devait être détruite à l'expiration de la concession, en 1909. En 1900, Eiffel prend contact avec les autorités militaires pour faire de la Tour une antenne de communication à longue distance. Une liaison radio est établie en 1903 avec les forts des environs de Paris et un an plus tard avec l'Est de la France. L'intérêt de son utilisation pour la radiodiffusion civile est rapidement établi et une station radio permanente est installée sur la Tour en 1906, ce qui assure définitivement sa pérennité. Le sommet complètement transformé supporte aujourd'hui plusieurs dizaines d'antennes de toutes sortes, dont un mât de télévision qui culmine à 324 mètres. Les premiers essais de télévision à partir de la Tour datent de 1925 et les premières émissions régulières de 1935.

POUR LES PASSIONNÉS

La transmission des ondes radio

Les ondes sont un formidable moyen de communication qui s'affranchit facilement des longues distances. Le mécanisme de transmission des ondes radio débute par la phase d'émission depuis un site de diffusion, puis la propagation dans l'atmosphère et enfin la réception par l'antenne de l'utilisateur.

Fréquences : la clef des ondes

À un endroit donné, on peut capter différents types d'ondes (radio, télévision, téléphone mobile…) mais également capter simultanément plusieurs chaînes de télévision ou stations radio. Toutes les chaînes ou stations ne sont pas émises sur une seule et même onde : chacune est transmise par une onde spécifique indépendante des autres. Alors comment fait-on pour les distinguer et les décoder ?

La clef est l'utilisation de *fréquences* différentes. Si on se réfère aux ondes de type vagues sur l'eau, on peut les caractériser par deux grandeurs : la hauteur des vagues, on parlera d'*amplitude*, et la *fréquence* de propagation de la vague qui correspond à l'inverse de la distance qui sépare deux vagues successives. Si deux vagues successives sont très rapprochées, on dira que l'onde se propage à haute *fréquence*, si elles sont très éloignées on parlera de propagation à basse *fréquence*. La fréquence est mesurée en hertz (Hz). Deux vagues séparées d'une seconde auront une fréquence de 1 hertz. On utilise également cette unité avec les préfixes kilo (1 kHz = 1 000 Hz), méga (1 MHz = 1 000 kHz) et giga (1 GHz = 1 000 MHz).

Chaque type d'onde (radio, télévision ou téléphone mobile) est émise avec une fréquence unique qui lui est propre. Une antennerécepteur capte toutes les ondes électromagnétiques qui se propagent à proximité, et on règle le récepteur pour ne décoder que celle dont la fréquence nous intéresse. Ceci est parfaitement illustré par le poste radio traditionnel. Les différentes stations radio (France Inter, France Info, Europe 1, RTL, NRJ, etc.) émettent chacune une onde à une fréquence différente sur le même territoire. Par exemple à Paris France Inter émet sur la fréquence 88,5 MHz et RTL sur 104,3 MHz. Le bouton que l'on tourne sur son poste afin de sélectionner sa station permet de régler le récepteur sur un chiffre qui correspond à la fréquence que l'on désire capter avec son antenne.

Danger pour l'homme

La plupart des ondes radio qui nous entourent sont sans danger pour l'homme. Elles ne sont pas pour autant sans effet. En fait, tout est question de fréquence. Dans ce domaine il faut considérer la profondeur de pénétration des ondes dans le corps humain, mais surtout les effets biologiques associés, le principal étant l'échauffement provoqué par une onde traversant un tissu vivant. Plus la fréquence d'une onde est élevée plus son effet thermique risque d'être important. Bien sûr il faut également tenir compte de la puissance de l'onde : plus la puissance d'émission d'une onde est grande plus son effet est important.

Par exemple, les fréquences des ondes utilisées pour les téléphones mobiles sont proches de celles utilisées dans les fours micro-ondes, ayant la propriété d'échauffer fortement les éléments contenant de l'eau. Les puissances utilisées pour les fours micro-ondes sont néanmoins bien plus élevées et sans comparaison avec celles utilisées pour le téléphone mobile, elles sont de plus confinées à l'intérieur du four. Pour les téléphones mobiles, l'intensité des ondes auquel on peut être exposé est très inférieure à celle qui est nécessaire pour produire un effet calorifique important.

Des études poussées sont en cours pour déterminer avec précision quels sont les dangers associés aux ondes radio, car on s'interroge également sur le risque d'effets non thermiques (effets sur le sommeil, facteurs favorisant l'apparition de certaines maladies, etc.), mais à ce jour aucune recherche n'a confirmé de tels risques. Sans céder à la panique, il est prudent d'appliquer le principe de précaution et d'utiliser le téléphone portable avec modération, notamment dans les cas où l'émission se fait à forte puissance, c'est-à-dire :

- dans les zones où la réception est mauvaise (parking souterrain, ascenseur, etc.), car l'appareil augmente sa puissance d'émission (jusqu'à 100 fois plus grande),
- en se déplaçant à grande vitesse car le mobile va alors rechercher les différentes stations relais le long du trajet et élève sa puissance d'émission.

Quant à la proximité entre les lieux d'habitation et les antennes émettrices, deux constats :

- Il faut bien les installer à proximité d'habitations si l'on veut que ça marche. On ne peut pas être des utilisateurs invétérés des téléphones mobiles et se plaindre de la nocivité des antennes.
- Il faut savoir que la puissance des ondes décroît avec le carré de la distance du lieu d'émission. C'est-à-dire que la puissance décroît très vite au fur et à mesure que l'on s'éloigne de l'antenne. À 2 mètres de l'antenne la puissance est divisée par 4, à 10 mètres, par 100. Pour la plupart des usagers le véritable danger réside donc sans doute beaucoup plus dans la proximité de son propre téléphone que l'on plaque tout près de son cerveau pendant de longues minutes, que dans les antennes émettrices des opérateurs. On a cependant peu de recul sur les effets d'une exposition continue et prolongée aux ondes électromagnétiques, et ce problème se pose pour des habitations situées excessivement près des antennes d'émission.

Propagation et interférences

La vitesse de propagation des ondes radio est très grande et proche de celle de la lumière, c'est-à-dire 300 000 km/seconde. En l'absence d'obstacle, les ondes peuvent se propager sur des centaines de kilomètres. Cependant, elles rencontrent fréquemment toutes sortes d'obstacles : variations atmosphériques (air plus ou moins chaud et humide), obstacles naturels (montagnes, lacs, océans, végétation) et humains (constructions, etc.) qui perturbent leur propagation. Certains milieux absorbent les ondes et d'autres les réfléchissent. La puissance de l'onde s'atténue alors avec la distance et celle-ci se brouille suivant les obstacles rencontrés, qui génèrent des ondes parasites (interférences).

Les antennes

Les antennes sont des éléments centraux dans les techniques de communication par les ondes. C'est grâce à elles que l'on peut émettre et recevoir des signaux. L'antenne la plus classique est la tige métallique télescopique de son récepteur radio. En fait, il existe des dizaines de formes d'antennes : les antennes paraboliques pour communiquer avec les satellites, les antennes « râteau » pour recevoir la télévision… Elles ont néanmoins toutes la même fonction : capter les ondes émises à proximité et les restituer à l'appareil auquel elles sont reliées. Si leur forme diffère, c'est afin d'optimiser la réception du signal pour lequel elles sont faites : par exemple, la parabole reçoit un signal venant d'une direction très précise, alors que l'antenne du récepteur radio reçoit un signal pouvant venir de toutes les directions.

Un émetteur émet un signal (par exemple radio ou télévision) via une antenne spécialisée dans l'émission, puis l'onde se propage dans l'air de façon plus ou moins directionnelle suivant la forme de l'antenne. Enfin, l'antenne de réception capte le signal et le transmet à l'appareil qui le décode et le restitue.

Une première application des ondes : la radio

La radio est née avec les ondes. On savait déjà transporter la voix par l'électricité (voir encadré page 26). L'idée a été d'utiliser la même technique, en transmettant le son non par un fil électrique mais par une onde.

Pour diffuser une radio on transforme le son en signal électrique à l'aide d'un microphone (voix de l'animateur ou musique). On diffuse ensuite le signal sous forme d'onde électromagnétique au travers d'une station pourvue d'une grande antenne d'émission.

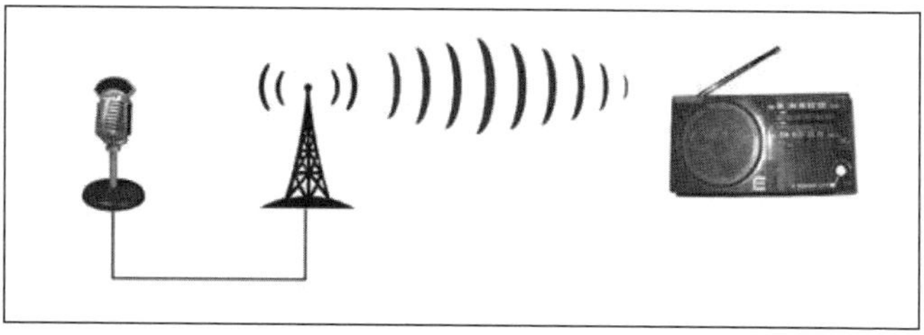

L'onde peut ensuite être captée puis retransformée en signal électrique grâce à un récepteur radio. Le système de haut-parleur du récepteur transforme finalement le signal électrique en voix ou musique.

Une autre application des ondes : la télévision

Le principe fondateur de la télévision hertzienne est le même que celui de la radio. La télévision est cependant apparue beaucoup plus tard car coder et transmettre pour les images par les ondes s'avère plus complexe que pour le son. La technologie a donc été maîtrisée plus tardivement.

La télévision exploite au départ les mêmes phénomènes biologiques que le cinéma : la persistance rétinienne qui fait que lorsqu'on regarde une image lumineuse elle reste « imprimée » dans le cerveau une fraction de seconde avant de disparaître, ainsi qu'un effet psychologique par lequel le cerveau comble l'espace entre des images fixes présentées successivement et rapidement devant l'œil. Ainsi, si on fait défiler une succession d'images figées qui s'enchaînent suffisamment vite, le cerveau reconstituera une impression de continuité et de mouvement.

La comparaison avec le cinéma s'arrête ici, car la télévision utilise des images vidéo, c'est-à-dire des images converties en signal électrique via un circuit électronique et non des images photographiées sur une pellicule en papier photosensible comme le cinéma.

Le principe de la télévision est de diviser une image en lignes horizontales, et de coder l'image ligne par ligne. L'image est reconstituée sur un téléviseur, une ligne après l'autre, et l'effet de persistance rétinienne permet au cerveau de l'interpréter comme une image en mouvement, alors qu'en réalité il s'agit d'une suite d'images figées qui défilent au rythme rapide de 25 images par seconde.

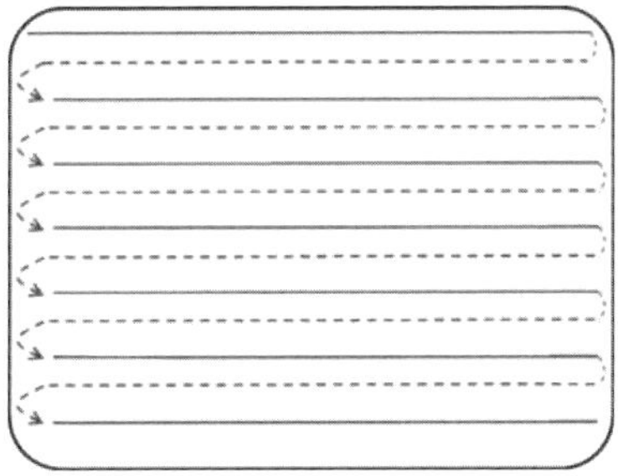

Le rôle de la caméra est de transformer l'image visionnée en un signal électrique grâce à une cellule photoélectrique, un capteur qui convertit la lumière reçue en un courant électrique. Le codage se fait séquentiellement ligne par ligne comme un texte écrit de gauche à droite puis de haut en bas, jusqu'à compléter l'image, et ce à un rythme régulier, de manière à composer 25 images par seconde.

Pour produire une émission de télévision on capte donc une image avec une caméra vidéo et le son avec un microphone, que l'on mélange en un unique signal électrique. Le signal est diffusé par les ondes avant d'être capté par une antenne de réception et décodé par un téléviseur. Le téléviseur joue le rôle de récepteur, il sépare le signal audio du signal vidéo, l'un étant diffusé à travers des haut-parleurs de la même façon qu'un récepteur radio, l'autre engendrant l'image retransmise sur l'écran.

La lecture et la restitution d'une image s'effectuent suivant le même principe de balayage de gauche à droite puis de haut en bas, au rythme de 25 images par seconde. L'écran d'un téléviseur est formé d'une plaque de verre recouverte d'une couche de matière électromagnétique. Cette matière s'illumine lorsqu'elle est touchée par un faisceau d'électrons (un électron est une minuscule particule électrique). Un « canon à électrons » crée ce faisceau et balaye l'écran de façon régulière et rapide de gauche à droite et de haut en bas. Le canon à électrons est piloté par le signal télé et, suivant l'image à retransmettre, l'écran s'illumine ou non de différentes nuances de gris. Les premiers téléviseurs retransmettaient ainsi une image en noir et blanc. L'écran de télévision reconstitue donc une image en mouvement, en renouvelant l'image par les balayages successifs et rapides du faisceau d'électrons.

Le téléviseur couleur est une évolution de la télévision noir et blanc. La couleur est obtenue non plus grâce à un faisceau d'électrons unique donnant à chaque point de l'écran plus ou moins de luminosité, du noir total au blanc lumineux, mais en mêlant 3 faisceaux d'électrons, chacun produisant par contact avec l'écran l'une des couleurs élémentaires, rouge, vert ou bleu, couleurs à partir desquelles on peut reconstituer toutes les autres couleurs (on parle de système RGB : *Red Green Blue*). Ainsi, chaque point est arrosé successivement d'une de ces couleurs avec une intensité différente, ce qui déterminera sa couleur propre. Les écrans d'ordinateurs traditionnels fonctionnent selon le même principe qu'un téléviseur.

La reine d'Angleterre, le Tour de France et les premiers pas sur la Lune…

De grands événements historiques ont souvent été à l'origine de l'accélération du développement des techniques et de l'adoption par le grand public des équipements audiovisuels. En juillet 1929 le Tour de France est radiodiffusé pour la première fois, sur l'antenne de « Paris-PTT ». C'est à cette occasion que le premier véhicule de reportage radiophonique a été conçu. En juillet 1948, l'arrivée du Tour de France est retransmise en direct à la télévision.

Le 2 juin 1953 la retransmission en direct du couronnement de la reine Élisabeth II est le premier grand moment télévisuel dans le monde. Il provoque en France un boom de la vente des récepteurs (5 000 sont vendus en une semaine). Retransmis en direct dans 5 pays, l'événement contribue au développement technique et à l'essor de la télévision. Le 21 juillet 1969 la retransmission à la télévision des premiers pas d'Armstrong sur la lune est un véritable défi technique, qui permet la diffusion en direct dans le monde entier d'un événement éloigné de 40 000 km. Cette émission rassemble plus de 600 millions de téléspectateurs dans le monde dont 30 millions en France.

Il y a aujourd'hui différents moyens de diffuser la télévision :

- Par les ondes :
  – La diffusion hertzienne traditionnelle est le moyen le plus ancien et le plus courant. Des antennes émettrices fixes sont disséminées sur tout le territoire et diffusent les grandes chaînes françaises gratuitement. Pour les recevoir il suffit de s'équiper d'un téléviseur connecté à une antenne (et de s'acquitter de sa redevance annuelle…).

– La « TNT », télévision numérique de terre (ou terrestre), lancée début 2005 est également un système de diffusion hertzien. La nouveauté c'est que le signal diffusé n'est plus analogique mais numérique. Cela permet une meilleure qualité des images et du son (rien à voir avec celle des programmes !), mais aussi de diffuser de plus nombreuses chaînes pour une même utilisation des fréquences (dont le nombre est limité).

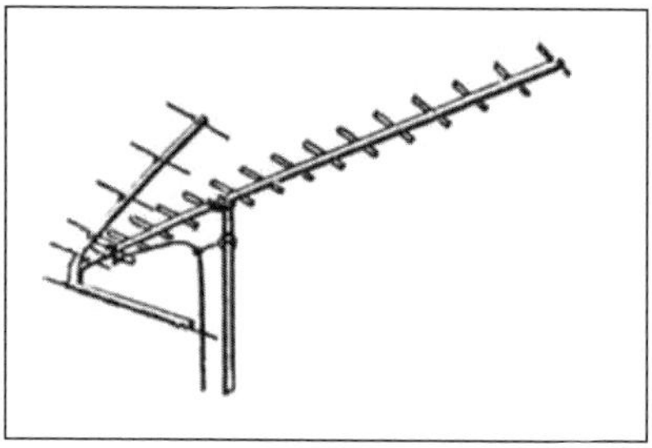

– La diffusion par satellite est apparue plus récemment que la diffusion hertzienne traditionnelle. Dans ce cas, des chaînes se groupent pour constituer un « bouquet », un ensemble de programmes qui seront diffusés à partir d'un même satellite. Pour les recevoir il faut disposer d'une antenne satellite dite parabolique que l'on fait pointer vers le satellite d'émission. La réception de ces programmes est généralement payante.

• Par un lien filaire :

– La diffusion de la télévision par ce moyen a commencé avec ce qu'on appelle « le câble », en fait un câble électrique spécialement dédié à la diffusion de programmes payants comparables à ceux diffusés par satellites. Des câbles télé ont été déployés principalement dans les grandes villes françaises.

– Plus récemment, la technologie ADSL permet de recevoir la télévision via sa prise téléphonique traditionnelle, en passant par le réseau téléphonique de son opérateur télécom. ADSL signifie *Asymmetric Digital Subscriber Line*, c'est-à-dire ligne d'abonné numérique asymétrique, c'est une technologie d'accès à Internet à haut-débit, dont on donne une explication plus détaillée dans le chapitre consacré à Internet.

Lorsqu'on entend parler de télévision numérique, il faut bien faire attention : il peut s'agir soit d'un téléviseur dont le circuit électronique travaille en numérique, ou bien du signal télé transmis qui, lui, est numérique ou bien… les deux à la fois.

Quant à la télévision interactive, l'idée est de diffuser un programme de télévision avec lequel le téléspectateur peu interagir, par exemple un jeu télévisé au cours duquel il peut répondre aux questions ou voter. Sur la télévision traditionnelle, il n'est pas possible d'interagir avec le signal reçu, il faut donc mettre en œuvre un moyen pour pouvoir émettre un signal vers la chaîne qui diffuse le programme, soit par une ligne téléphonique, soit par le câble télé.

La vidéo

La vidéo est apparue avec l'essor de l'enregistrement sur bande magnétique. Le principe est le même que pour les cassettes audio, sauf que la bande magnétique est marquée par des images en plus du son. La norme la plus utilisée en Europe est la norme VHS (*Video Home System*), mais il en existe d'autres.

Les cassettes vidéo sont à présent supplantées par les DVD (*Digital Video Disc*) qui sont à la vidéo ce que le Compact Disc (CD) est à la cassette audio. Les films sont enregistrés en numérique sur un disque et lus selon le même principe de lecture que le CD, par rayon laser (voir page 39).

POUR LES EXPERTS

Sur les ondes

En théorie, une onde est « un phénomène qui se propage en se répétant identique à lui-même ». Les ondes radio appartiennent à la grande famille des ondes électromagnétiques, dont font également partie les micro-ondes, les infrarouges, la lumière visible, les ultraviolets, les rayons X, et les rayons gamma.

Les ondes électromagnétiques sont regroupées en grands types suivant leurs caractéristiques et sont classées par fréquence, c'est ce qu'on appelle le spectre électromagnétique.

Les usages des ondes radio sont très nombreux : radio et télévision, téléphonie mobile, communications maritimes, communications réservées aux militaires ou à la sécurité civile (police, pompiers, SAMU, etc.). Comme deux ondes de même fréquence peuvent se confondre, il est nécessaire que chaque émission se fasse à une fréquence donnée, qui est attribuée de façon contrôlée sur un territoire. Le spectre des fréquences est géré et contrôlé par un organisme public, en France l'Agence nationale des fréquences, qui alloue à chaque usage des plages de fréquences radio. Le spectre est une ressource limitée et donc rare.

Spectre électromagnétique

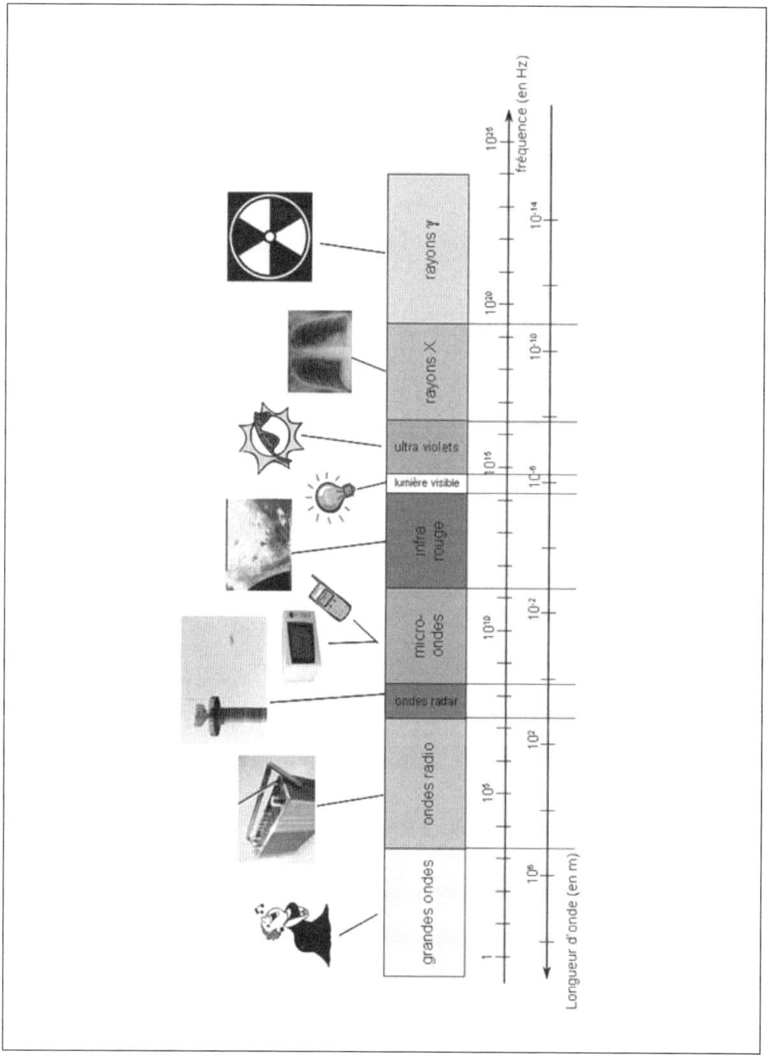

Exemple d'allocation de fréquences

Fréquence	Usage
70,525 à 70,975 MHz	Usage militaire
70,975 à 71,950 MHz	Réseaux privés
71,300 à 71,800 MHz	Appareils faibles portés non spécifiques
72,200 à 72,500 MHz	Modélisme
72,500 à 73,300 MHz	Réseaux privés
73,300 à 74,800 MHz	Gendarmerie nationale
74,800 à 75,200 MHz	Radiolocalisation aéronautique
75,200 à 77,475 MHz	Réseaux privés, taxis
77,475 à 80,000 MHz	Gendarmerie nationale
80,000 à 82,475 MHz	Réseaux privés
82,475 à 83,000 MHz	Usage militaire
83,000 à 87,300 MHz	Police, pompiers, SAMU
87,300 à 87,500 MHz	Radiomessagerie unilatérale
87,500 à 108,000 MHz	Radiodiffusion FM bande II
108,000 à 118,000 MHz	Usage militaire
111,600 à 177,900 MHz	Balisage aéronautique (VOR)
118,000 à 136,000 MHz	Trafic aéronautique, bande « air » ou « aviation »
137,000 à 138,000 MHz	Réseaux privés
138,000 à 144,000 MHz	Usage militaire
143,9875 à 144,000 MHz	Fréquence réservée « vol libre »
144,000 à 146,000 MHz	Trafic amateur, bande des « 2 mètres »
146,000 à 156,000 MHz	Trafic aéronautique
151,005 à 152,990 MHz	Réseaux privés
152,000 à 152,020 MHz	Radiomessagerie sur site
152,570 à 152,655 MHz	Appareils faibles portés non spécifiques
152,990 à 155,995 MHz	Réseaux privés
154,980 à 155,180 MHz	Liaisons fixes d'abonnés isolés
155,995 à 162,995 MHz	Réseaux privés en dehors des côtes
156,025 à 157,425 MHz	Trafic maritime et fluvial, bande « VHF marine »

La transmission du son par les ondes : la modulation

On a vu précédemment comment une onde pouvait être générée puis reçue et décodée avec un système d'antenne émettrice et d'antenne réceptrice. Le son étant lui-même une onde, on peut donc le transmettre dans les airs après l'avoir transformé en signal électrique via un microphone.

Deux éléments viennent compliquer le tableau :

- La réception d'un signal nécessite des antennes dont les dimensions dépendent de sa longueur d'onde, en général du même ordre de grandeur. Par exemple la musique et la parole ont à l'état naturel des fréquences qui varient entre 20 Hz et 20 kHz. Les longueurs d'ondes électromagnétiques correspondant à ces fréquences sont comprises entre 15 000 km et 15 km. Des antennes de ces tailles sont inconcevables. Il faut donc transformer le signal sonore en une onde électromagnétique de fréquence bien plus élevée que sa fréquence d'origine (généralement de l'ordre de 100 MHz), de façon à pouvoir utiliser des antennes de quelques dizaines de centimètres tout au plus. C'est ce qu'on appelle la modulation.

- D'autre part, l'intérêt de la radio et de la télévision est de pouvoir émettre simultanément sur un même territoire plusieurs programmes diffusant voix, musique, images. Or, si chaque programme est émis avec un signal de fréquence identique à celle du son, il sera impossible de distinguer un programme d'un autre. Comme lorsque plusieurs personnes parlent à la fois, la conversation n'est plus intelligible. Chaque programme doit être émis par une onde dont les caractéristiques sont uniques et reconnaissables. C'est le deuxième intérêt de la modulation, qui permet de transmettre chaque programme avec une onde de fréquence spécifique.

Il existe plusieurs façons de moduler une onde, suivant que l'on joue sur l'une ou l'autre de ses caractéristiques clés : son amplitude ou sa fréquence.

- On appelle modulation d'amplitude, la modulation pour laquelle l'amplitude de l'onde varie en fonction du son émis.

- On appelle modulation de fréquence, la modulation pour laquelle la fréquence de l'onde varie en fonction du son émis.

Pour illustrer ces deux techniques, imaginons que nous voulions transmettre un signal simple du type morse sous forme de son. L'émetteur émet une syllabe simple « ah », plus ou moins fort pendant 3 secondes :

1. ah *fort*,
2. silence,
3. ah *faible*,
4. ah *très fort*

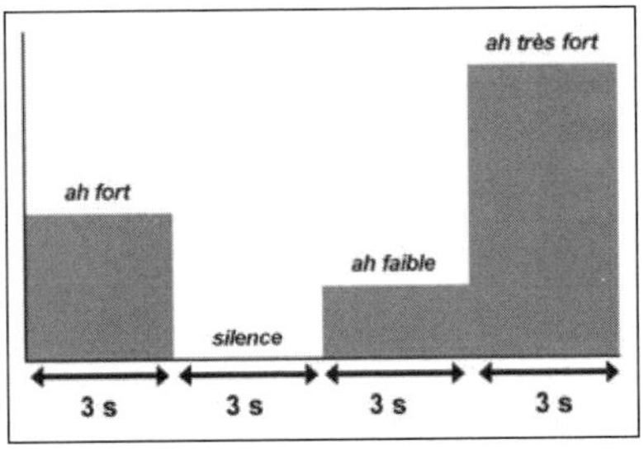

On décide de transmettre ce signal à l'aide d'une onde simple qui a la forme suivante :

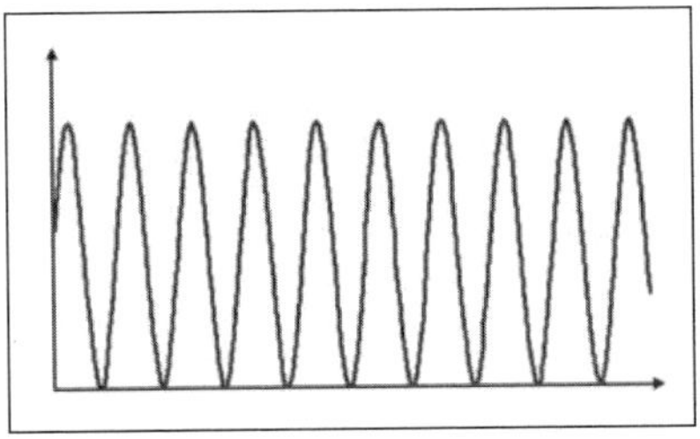

Modulation d'amplitude

En modulation d'amplitude, l'onde garde une fréquence constante, et on fait varier son amplitude en fonction du signal à coder :

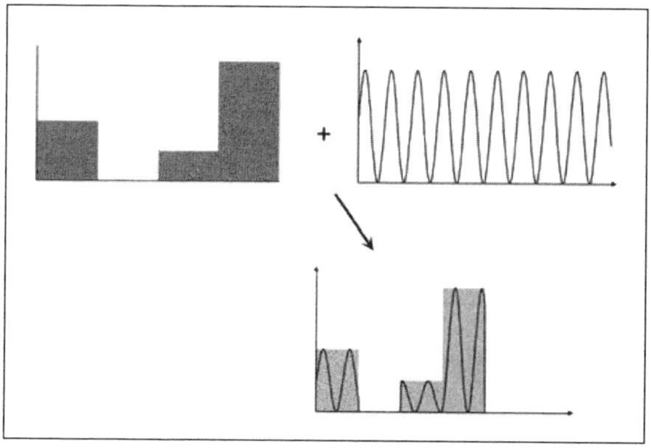

On module l'amplitude de l'onde en fonction du son et le signal finalement transmis est de la forme de celui ci-dessous :

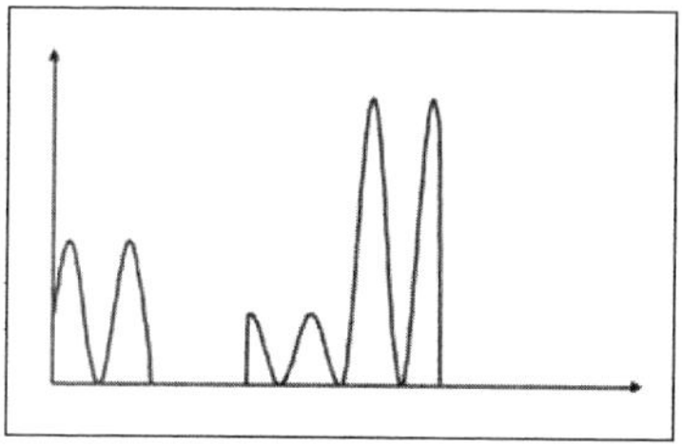

Le sigle utilisé en radio est AM, pour *Amplitude Modulation.*

Modulation de fréquence

L'onde conserve une amplitude constante, en revanche sa fréquence varie en fonction du signal à coder. Dans notre exemple, on pourrait considérer un codage du type :

1. ah *fort* : fréquence originale x 2
2. silence : fréquence nulle
3. ah *faible* : fréquence originale
4. ah *très fort* : fréquence originale x 6

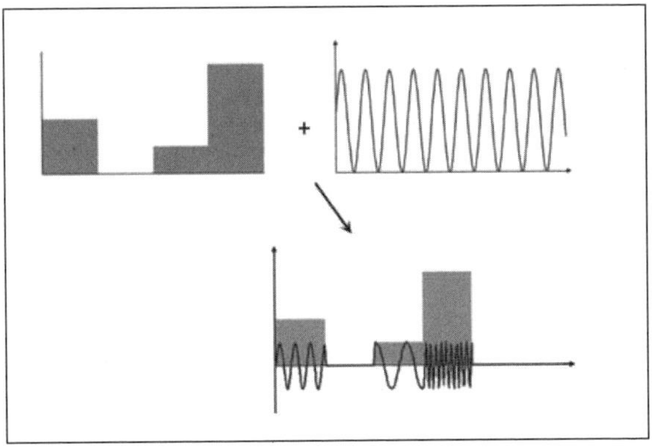

On module la fréquence de l'onde en fonction du son et le signal finalement transmis est de la forme de celui ci-dessous.

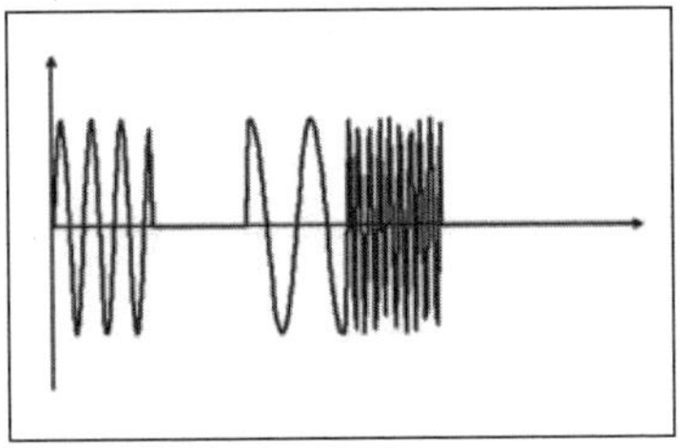

Le sigle utilisé en radio est FM, pour *Frequency Modulation.*

L'avantage de la modulation de fréquence sur la modulation d'amplitude est que le signal est moins sensible aux parasites et aux interférences. En effet, lors de leur propagation les ondes électromagnétiques sont sujettes à diverses perturbations de leur forme et atténuations de leur puissance. Les variations d'amplitude peuvent donc être faussées, ce qui perturbe la réception en modulation d'amplitude, mais pas en modulation de fréquence puisque l'amplitude n'est pas porteuse d'information.

Modulation d'un signal réel

Considérons un signal plus proche d'un signal sonore réel, celui de gauche, que l'on désire transmettre à l'aide d'une onde sinusoïdale de fréquence plus élevée de type de celle de droite.

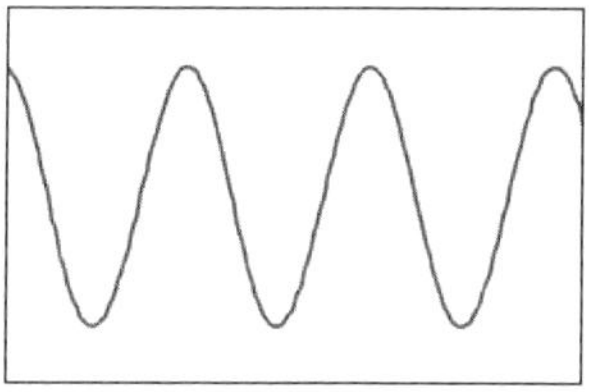

Son d'origine

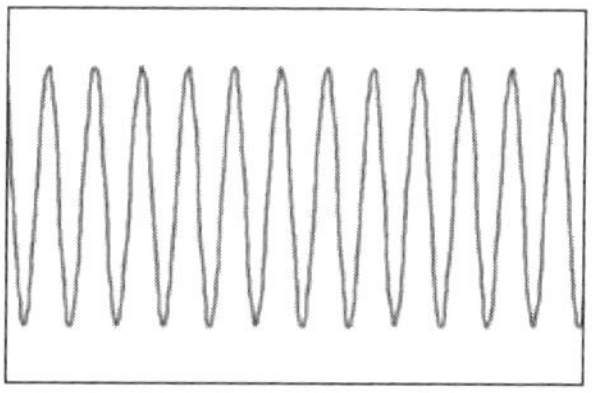

Signal porteur

Voici alors la forme qu'il prendra selon le type de modulation.

Modulation d'amplitude :

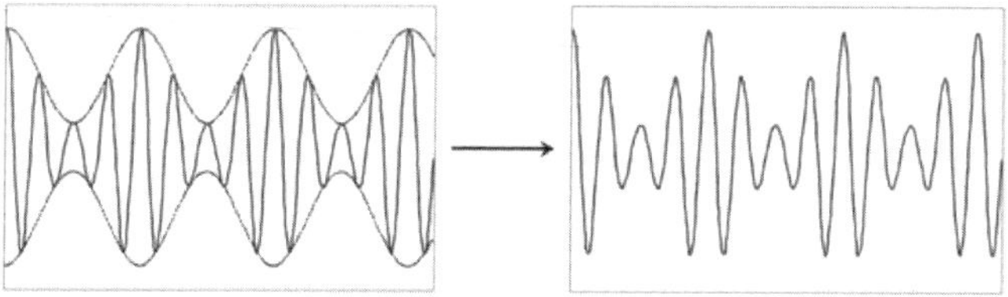

Modulation de fréquence :

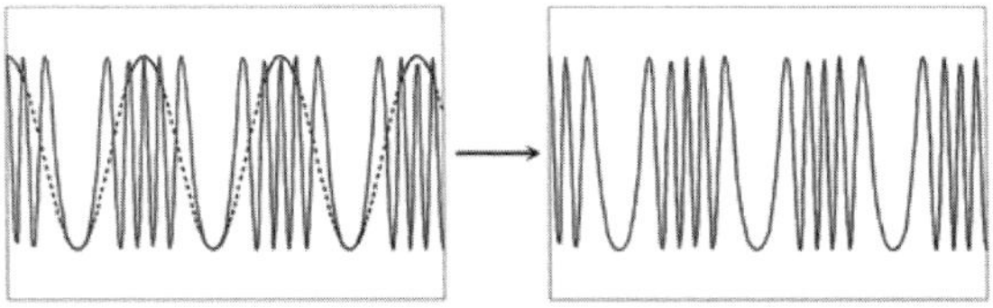

Récepteurs radio et télévision

Les récepteurs radio sont équipés de circuits de démodulation, qui font subir au signal reçu la transformation inverse de la modulation et restituent ainsi le son initial au haut-parleur.

Pour transmettre en parallèle plusieurs programmes qui puissent être captés par un même récepteur, chaque station radio émet à une fréquence déterminée et unique sur un même territoire (ville, région ou pays). Il est possible qu'une même station émette à deux fréquences différentes sur deux territoires différents, en fonction de l'attribution de fréquence qui leur a été faite.

Les plages de fréquences radios sont identifiées par les sigles suivants :

- Radio FM : de 87,5 MHz à 108 MHz,
- Radio AM,
  - LW (*Long Waves*), équivalent de Grandes Ondes (GO), de 150 kHz à 500 kHz,
  - MW (*Medium Waves*), équivalent de Petites Ondes (PO), de 500 kHz à 1,6 MHz,
  - SW (*Short Waves*), équivalent d'Ondes Courtes (OC), de 1,6 MHz à 30 MHz.

On utilise de la même façon la modulation pour la diffusion d'images pour la télévision. Chaque chaîne de télévision émet à une fréquence donnée sur le même modèle que la radio. Le principe d'émission est néanmoins un peu plus compliqué car il faut transmettre plusieurs informations simultanément : l'image et le son. On émet donc en réalité deux signaux différents, l'un porteur de l'image, l'autre du son, à deux fréquences distinctes mais toujours avec le même écart. Le téléviseur décode ces deux signaux simultanément et les restitue d'un côté vers les haut-parleurs et de l'autre vers l'écran.

En France la plupart des chaînes sont diffusées en UHF (*Ultra High Frequency*) en modulation d'amplitude, entre 471 MHz et 855 MHz, avec un décalage de 6,5 MHz entre la fréquence son et image.

Un vaste programme a été lancé en 2005 pour remplacer progressivement la télévision analogique, celle que nous connaissons depuis son invention, par la télévision numérique dite TNT (télévision numérique terrestre). Ce programme doit théoriquement s'achever en 2010, date à laquelle l'émission de la télévision analogique devrait cesser en France. La TNT consiste à diffuser un signal numérique dans la même bande de fréquence que l'analogique. On peut donc la recevoir sur son antenne actuelle, a priori sans aucune modification de son installation, à la seule condition de disposer d'un décodeur TNT, équipement relativement bon marché, ou bien d'un téléviseur compatible TNT. L'avantage de la TNT réside dans la qualité des images reçues, le signal numérique étant peu sensible aux parasites et interférences, ainsi que dans la multiplication du nombre de chaînes émises. En effet, la TNT permet de diffuser 6 chaînes simultanément sur un même canal de télévision quand en analogique on n'en avait qu'une seule. On peut donc recevoir potentiellement une trentaine de chaînes au lieu des 6 actuelles.

4. Les télécommunications, loin et près

Les télécommunications, les télécoms… mots à la mode issus d'une préoccupation bien ancienne. Télé-communiquer, c'est communiquer à distance. Et aujourd'hui, cela marche plutôt bien.

POUR LES CURIEUX

Tout commença avec le télégraphe

Même si cela fait bien longtemps que l'on aime avoir des nouvelles de ses proches lorsqu'ils sont éloignés, cela n'a été facilité qu'avec la naissance des télécommunications modernes au début du XIXe siècle, avec le télégraphe.

Le télégraphe est l'ancêtre du téléphone : il permet de communiquer entre deux points par transmission d'un signal électrique sur un câble. Le télégraphe ne permettait pas encore de transmettre directement la voix, mais seulement des petites impulsions électriques que l'on décodait ensuite. Pour faciliter les échanges, un certain J. Morse a inventé un code universel pour chaque lettre de l'alphabet.

Le télégraphe électrique s'est rapidement étendu à travers le monde, et on a même commencé à poser des câbles au fond de l'Atlantique pour relier l'Europe et l'Amérique! La pose du premier câble transatlantique s'est achevée en 1865. Un peu plus tard, la télégraphie sans fil, en abrégé TSF, s'est développée, permettant de communiquer sans câble d'un point à un autre distant de plusieurs centaines de kilomètres, grâce aux ondes électromagnétiques.

La TSF au secours du Titanic

La marine a très vite été une grande utilisatrice de la TSF, qui permet aux bateaux de communiquer entre eux ou avec le continent. Les grands paquebots en étaient équipés, ce qui leur permettait de lancer des SOS en cas de péril. Lors du naufrage du Titanic en 1912, Jack Phillips, l'opérateur du poste de TSF, lance sans interruption des messages de détresse pendant toute la durée de la catastrophe. Ses messages seront captés à terre et par dix autres navires, dont le plus proche mettra 7 heures pour rejoindre les lieux du drame. 868 personnes dérivant sur des canots ont pu être sauvées sur un total de 2358.

Le télégraphe parle !

Aux États-Unis, en 1876, Alexander Graham Bell, invente le télégraphe parlant, c'est-à-dire le téléphone. Avec cette invention, la voix humaine est directement transformée en signal électrique grâce à un combiné, puis transmise par câble jusqu'au combiné de l'appelé. Le téléphone s'est rapidement installé dans la vie courante, c'est à présent un outil indispensable de l'activité économique mais aussi un élément important de nos foyers.

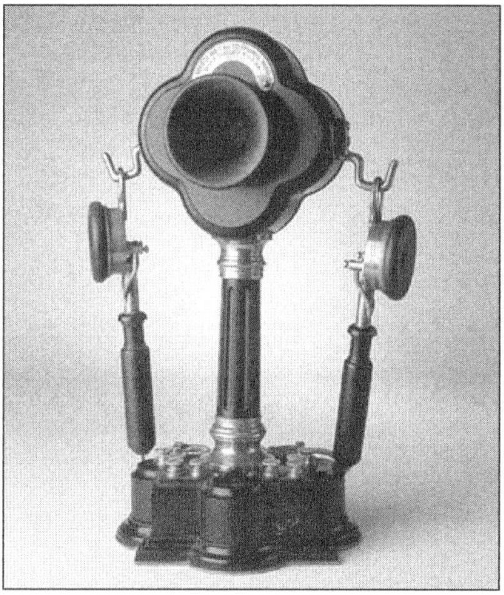

Le téléphone devient mobile

Un téléphone mobile rend le même service qu'un téléphone traditionnel chez soi, sauf que le combiné devient portable et fonctionne quel que soit l'endroit où l'on se trouve. Le progrès fait rage : que l'on soit dans son auto ou sur son vélo, le téléphone nous suit !

La téléphonie mobile fonctionne grâce aux ondes électromagnétiques : un système radio permet de transmettre par des ondes les communications téléphoniques, un peu sur le même principe que la radio dans son automobile. Les opérateurs mobiles ont déployé un ensemble d'antennes relais dispersées à travers le pays, qui captent et émettent les appels téléphoniques.

Le téléphone sans fil de la maison se distingue du téléphone mobile par le fait qu'il ne fonctionne qu'à proximité de sa base, c'est-à-dire uniquement à la maison. Le téléphone mobile, lui, permet de téléphoner depuis n'importe quel endroit, hors de chez soi et même à l'étranger. Bien sûr la facture n'est pas la même !

C'est néanmoins le même principe qui est utilisé, les communications sont transmises par ondes radio jusqu'à une antenne relais. Dans le cas du téléphone mobile, c'est l'antenne de l'opérateur qui se trouve être la plus proche qui capte la communication, dans le cas de son téléphone sans fil c'est la base que l'on a chez soi. Le téléphone sans fil que l'on a chez soi cesse de fonctionner dès qu'on s'éloigne trop de sa base (quelques dizaines de mètres), alors que le mobile a un rayon de fonctionnement plus important et surtout, lorsque l'on s'éloigne de l'antenne relais, une autre antenne relais prend la suite sans interruption de la conversation.

Le Minitel

C'est un système inventé par France Telecom qui consiste en un terminal doté d'un clavier et d'un écran. Il permet d'accéder à une multitude de services grâce à une connexion sur une ligne téléphonique. Il suffit pour cela de taper un code bien précis (3615 ou 3611, etc.) et l'on peut accéder à l'annuaire informatisé ou bien encore commander un billet de train, faire un achat par correspondance ou bien effectuer une opération bancaire. C'est un système original qui préfigurait l'apparition de l'Internet, qui a rencontré un grand succès dans les années 1980, mais qui n'a jamais été adopté dans un autre pays que la France. C'est un système aujourd'hui rendu obsolète par le développement rapide de l'Internet.

Le fax

Le fax, abréviation de *fac simile,* ce qui signifie « faire une chose semblable », permet de transmettre la copie d'un document papier grâce à une ligne téléphonique. Cela fonctionne un peu comme une photocopieuse, qui déchiffre la page de papier et traduit l'image en des informations élémentaires, qui sont ensuite transmises sur une ligne téléphonique à un autre fax qui retraduira les informations en une page de papier, copie conforme de la page d'origine.

POUR LES PASSIONNÉS

Les réseaux de télécommunication

Pour bien comprendre ce qu'est un réseau de télécommunication, on peut faire l'analogie avec la route et le réseau routier.

Un réseau routier est conçu pour permettre de se déplacer avec sa voiture d'un point à un autre, le plus efficacement possible. Il existe des autoroutes reliant les grandes villes entre elles, les routes nationales reliant les villes de moindre importance, puis les départementales reliant les villages, et les communales reliant les habitations isolées. Tous les habitants d'un même territoire sont reliés par ce réseau et peuvent se rendre visite les uns aux autres. En outre, il existe généralement de nombreuses façons de se rendre d'un endroit à un autre, ce qui permet de faire face à une coupure ou un encombrement de l'itinéraire choisi initialement.

On a conçu le réseau téléphonique sur le même modèle, en reliant tous les habitants d'un territoire les uns aux autres à l'aide de câbles électriques. Ainsi, tous les propriétaires d'un téléphone peuvent se joindre via ce réseau.

Afin d'identifier chaque habitation de façon unique, ce qui est très utile pour se rendre visite ainsi que pour les services postaux, on leur a attribué une adresse liée à leur situation par rapport au réseau routier. De même, pour le téléphone, on a attribué à chaque habitation une « adresse » unique sous la forme d'un numéro à plusieurs chiffres. Plus précisément, un numéro unique est attribué à chaque terminaison d'une ligne téléphonique. Une habitation ou un bâtiment peuvent être reliés au réseau par plusieurs lignes différentes et donc disposer d'autant de numéros.

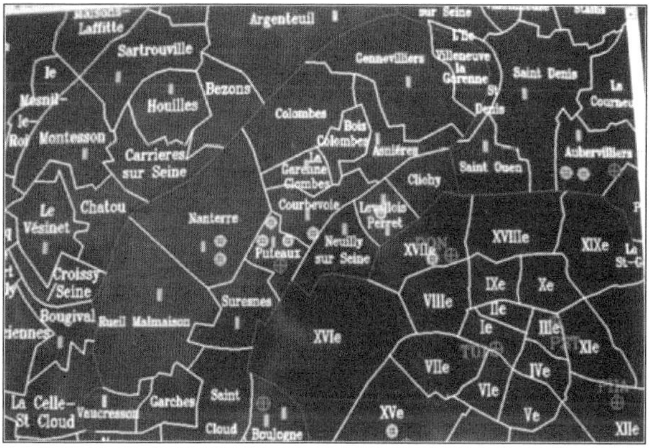

Le réseau téléphonique s'est au départ développé de façon très similaire au réseau routier : compte tenu du poids des investissements à réaliser et des enjeux d'aménagement du territoire, c'est l'État qui s'en est chargé, via l'administration des PTT, devenue ensuite France Telecom. Il y a quelques années, on a considéré que le réseau de service public étant complètement développé, le secteur des télécommunications pouvait s'ouvrir à la concurrence. On a donc transformé France Telecom en une entreprise de droit privé et permis à des concurrents de s'installer. Ceux-ci développent de nouveaux réseaux, parallèlement à celui de France Telecom, comme si une nouvelle société d'autoroute construisait une nouvelle route entre Paris et Lyon, et proposait d'emprunter la sienne à un tarif différent ou avec des services alternatifs.

De même qu'il existe généralement plusieurs routes possibles pour se rendre en voiture d'un endroit à un autre, les réseaux sont interconnectés entre eux en plusieurs points afin de pouvoir faire face à une coupure ou un engorgement en re-routant le trafic par un autre chemin.

Sur ces réseaux de télécommunication, on transmet aujourd'hui non seulement les conversations téléphoniques mais aussi les données de type fax et surtout Internet. Le volume des données échangées quotidiennement a déjà dépassé celui de la voix.

Les réseaux de chaque pays sont également interconnectés, ce qui permet de passer des appels téléphoniques internationaux et d'échanger des données, notamment le trafic Internet au niveau international. Les connections internationales se font principalement par câbles sous marin, et ce depuis très longtemps puisque les premiers ont été posés dès les années 1865. Autrefois constitués de câbles métalliques, ils sont aujourd'hui exclusivement conçus en fibres optiques. Il en existe des milliers de kilomètres au fond de toutes les mers du globe entre l'Europe, les Amériques, l'Asie, l'Afrique... Ceci est complété par des liaisons par satellite, bien utiles pour atteindre des pays isolés d'un point d'atterrissage d'un câble sous marin.

La téléphonie mobile

La téléphonie mobile est l'exploitation des ondes radio pour la transmission des conversations téléphoniques. On savait transmettre le son par les ondes pour la radio, l'idée était donc de parsemer le territoire d'antennes relais capables de capter et d'émettre des communications téléphoniques. Toutes les antennes relais sont ensuite reliées entre elles et connectées au réseau téléphonique traditionnel, afin de pouvoir communiquer entre téléphone fixe et téléphone mobile.

Le terminal diffuse régulièrement un signal autour de lui, qui est capté par l'antenne la plus proche. L'opérateur sait alors où se situe l'abonné et peut lui diriger un appel qui lui est destiné. L'appel sera diffusé précisément par l'antenne la plus proche pour pouvoir être capté par l'abonné.

Le téléphone mobile est appelé GSM (*Global System for Mobile communication*), ou bien encore cellulaire, par référence à la « cellule » délimitée par la zone d'influence d'une antenne relais. Cette zone peut s'étendre de quelques dizaines de mètres en ville jusqu'à une trentaine de kilomètres en rase campagne.

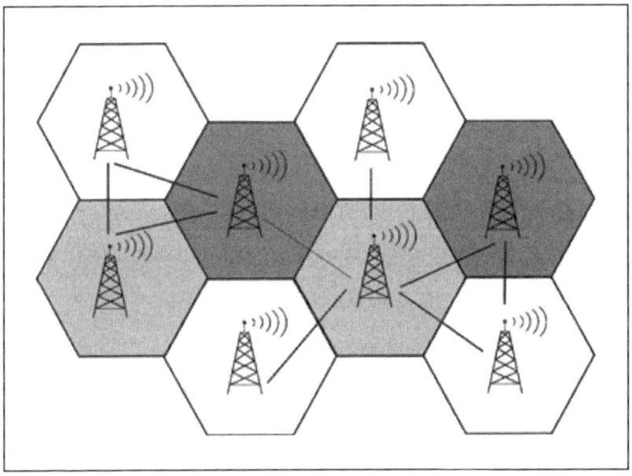

Aujourd'hui, les téléphones mobiles ne nous servent plus uniquement à nous parler, mais ils permettent également l'échange de données sous forme de textes courts, qu'on appelle SMS (*Short Message Service*), de photos ou de petits films.

La fracture Nord-Sud

On estime qu'il y a dans le monde en 2006 plus de 3,5 milliards d'abonnés au téléphone, environ 1,2 milliard au travers d'une ligne fixe et 2,5 milliards d'abonnés mobiles, ce qui voudrait dire que près de 50 % de la population mondiale est abonnée à un service téléphonique. Ceci est néanmoins très loin d'être le cas car ce sont souvent les mêmes individus qui bénéficient à la fois d'un abonnement fixe et mobile.

Ce chiffre cache également de fortes inégalités entre les pays développés et les pays en voie de développement. On estime ainsi qu'au Tchad, il y a environ une ligne fixe pour 500 habitants, alors qu'en Suède, on atteint pratiquement le chiffre de 400 lignes pour le même nombre d'habitants.

Pour illustrer cette fracture, on a parfois l'habitude de dire qu'il y a plus de lignes téléphoniques dans le quartier de Manhattan, à New York, que dans toute l'Afrique subsaharienne.

La carence de lignes fixes est parfois compensée par le fort développement de la téléphonie mobile qui permet de couvrir plus rapidement une plus grande population avec des investissements moindres. Les lignes mobiles représentent souvent plus de 90 % de toutes les lignes téléphoniques souscrites dans les pays les plus pauvres, 93 % par exemple au Cambodge. Les mobiles améliorent donc sensiblement le fossé Nord-Sud, même si celui-ci reste considérable puisqu'en comptant les lignes fixes et mobiles on atteint un taux d'adoption qui dépasse souvent 100 % dans les pays les plus développés. Par exemple, en France, ce taux est de 126 %, ce qui reflète le fait que de nombreux abonnés possèdent à la fois une ligne fixe et un téléphone mobile, voire plusieurs mobiles. Le plus grand écart est représenté par le Niger, où seul 1 habitant sur 300 est abonné au téléphone, tandis qu'au Luxembourg chaque habitant possède en moyenne 2 lignes téléphoniques.

POUR LES EXPERTS

Les télécommunications ont pendant longtemps été considérées comme relevant du service public, donc une activité d'État dépendant des PTT. Cette situation s'est révélée fort bénéfique étant donné les montants d'investissements nécessaires et les besoins d'aménagement du territoire. Compte tenu des évolutions technologiques et économiques, il a été décidé de transformer cette activité en entreprise, d'abord en monopole puis ouverte à la concurrence. De par son histoire, ce secteur est très régulé et surveillé, les opérateurs de télécommunication sont soumis à une autorité de régulation, l'ARCEP (Autorité de régulation des communications électroniques et des postes), qui règle la concurrence sur le marché des télécommunications. C'est elle qui attribue notamment les licences d'exploitation nécessaires pour exercer une activité d'opérateur que ce soit en téléphonie fixe ou mobile.

Les réseaux fixes

Un réseau fixe est constitué d'une part de boucles locales (ce qui équivaut aux routes départementales et communales du réseau routier) et d'autre part d'un « cœur de réseau » appelé parfois *backbone* (« colonne vertébrale » en anglais), artères à grandes capacités (les autoroutes).

Traditionnellement, les réseaux étaient constitués de câbles électriques suspendus ou enterrés. Ces câbles sont remplacés petit à petit par des liaisons en fibre optique. Ce sont de petits tubes de verre souple très fins dans lesquels on diffuse de la lumière. L'information est transmise non pas sous la forme d'une impulsion électrique comme sur les câbles électriques, mais par un signal lumineux. L'information est codée de façon assez complexe, mais on peut en schématiser la transmission par le modèle d'un code morse diffusé avec une lampe torche. L'avantage des fibres est que l'on transmet beaucoup plus d'informations pour un encombrement réduit et que cela demande beaucoup moins de puissance énergétique.

Les services offerts sur les réseaux fixes ont commencé avec le télégramme et le téléphone. Le téléphone est resté pendant longtemps le service principal avant de se voir complété par le fax et le minitel. Aujourd'hui, les réseaux fixes servent principalement de support à l'utilisation d'Internet, de sorte que les volumes de communication « voix » sont inférieurs aux volumes de communication « données ».

La téléphonie mobile GSM

GSM est la norme unique adoptée en Europe et dans d'autres pays du monde pour développer les systèmes de téléphonie mobile. L'adoption d'une norme unique en Europe a permis la démocratisation rapide du téléphone mobile. L'avantage de développer des services sous la même norme, c'est qu'il est possible aux abonnés d'opérateurs de pays différents d'utiliser leur téléphone dans d'autre pays que le leur. Les États-Unis, mais aussi certains pays d'Asie, ont choisi des normes différentes du GSM, ce qui ne rend pas toujours compatibles nos téléphones dans ces pays.

GPRS, UMTS, I-Mode ?

Ce sont des évolutions de la technologie de la téléphonie mobile, permettant de transmettre des données en plus des conversations téléphoniques vocales traditionnelles.

Avec la téléphonie mobile, on s'intéresse non seulement à la transmission de la voix, mais aussi de données (fichiers informatiques, photos, e-mail, etc.). On a ainsi développé des techniques permettant de réaliser ces fonctions grâce au réseau cellulaire : la première norme est le GPRS (*General Packet Radio Service*), qui est une extension du GSM et qui s'appuie sur le réseau existant. Il autorise des débits de l'ordre de quelques dizaines de kilobits/s, soit une vitesse de connexion comparable à une connexion Internet via une prise téléphonique traditionnelle. L'UMTS (*Universal Mobile Telecommunication System*) est une norme différente qui nécessite pour les opérateurs de redéployer un nouveau réseau et qui permet d'utiliser son terminal mobile comme un ordinateur connecté à l'Internet : échange de photos, musique, vidéo, etc. Il autorise des débits de l'ordre de plusieurs Megabits/s, soit l'équivalent d'une connexion à Internet par ADSL. C'est aussi un effort de standardisation des différentes normes en vigueur dans les différentes zones du monde afin de rendre les téléphones européens compatibles avec les réseaux américains et asiatiques. L'I-Mode est une norme concurrente développée au Japon, et aussi adoptée en France par Bouygues Telecom.

On observe aujourd'hui une certaine convergence des services fixes et mobiles, notamment avec le développement des usages de la messagerie, des messages courts (SMS), etc.

Bataille autour des standards

Dans les télécommunications en particulier, mais en fait dans tous les domaines technologiques, la standardisation est un élément industriel clé.

Un standard ou une norme est une référence technique commune adoptée par plusieurs fabricants. Élaborer des produits selon des normes communes rend les éléments de plusieurs fabricants compatibles les uns avec les autres. Il y a de nombreux exemples dans le domaine de l'électronique. Prenons un magnétoscope : il existe un format standard de branchement entre un magnétoscope, un téléviseur et un caméscope, ainsi qu'un format standard de cassettes vidéo pouvant être lues. Différents appareils issus de fabricants différents utilisent le même standard et peuvent être branchés les uns aux autres. Il y a de nombreux autres exemples dans le domaine de l'informatique et les logiciels, on se souvient notamment de la bataille Apple contre IBM PC.

L'électricité est un exemple de domaine qui n'est pas totalement standardisé : la tension du courant domestique et le format des prises ne sont pas les mêmes d'un pays à l'autre. Il est ainsi un peu compliqué voire impossible lorsque l'on arrive en Grande Bretagne ou aux États-Unis d'utiliser son rasoir électrique ou son sèche-cheveux.

Lors de l'émergence de nouvelles technologies, les industriels s'organisent généralement autour de l'une ou l'autre des options suivantes.

Soit exploiter un format ou un concept propriétaire et fermé, appartenant à une seule entreprise. Elle seule peut exploiter et mettre sur le marché des produits utilisant ce format. Par exemple, les batteries de nos téléphones portables ne sont pas « standards » et nécessitent, suivant les marques, un modèle de chargeur spécifique chacune.

Soit exploiter une norme ouverte, à laquelle n'importe qui peut accéder. On peut alors mettre sur le marché des produits utilisant ce format, gratuitement ou moyennant rétribution de l'inventeur. Par exemple, les batteries de voiture sont aujourd'hui normalisées, et on peut toutes les recharger avec n'importe quel modèle de chargeur.

Dans le premier cas, ce choix assure à l'inventeur l'ensemble des revenus liés à l'invention. Le second choix permet généralement une adoption plus rapide et plus large de la technologie, car la concurrence entraîne une baisse des prix, et d'autre part l'invention d'un produit entraîne généralement l'émergence d'autres produits qui viennent le compléter. Le dilemme pour un inventeur semble donc être, dans un cas une adoption restreinte mais pas de concurrence, dans l'autre une large adoption mais une concurrence plus forte. Néanmoins, il arrive parfois qu'un format propriétaire s'impose peu à peu comme la norme.

Il arrive également que les industriels d'un même secteur se mettent d'accord ensemble pour l'adoption d'une même norme. C'est souvent le cas dans l'industrie des télécommunications, notamment pour la téléphonie mobile (normes GSM et UMTS) mais aussi dans l'Internet et l'informatique. Les experts se réunissent pour cela en comités de normalisation et votent les décisions.

5. Les ordinateurs, un concentré d'intelligence

Les ordinateurs ont fait petit à petit leur entrée dans notre vie quotidienne, à la maison comme au travail. Aujourd'hui, dans les bureaux, il n'y a pratiquement plus d'échanges de papiers puisque tout se fait sur ordinateur. L'informatique a aussi bouleversé le secteur industriel, en améliorant l'automatisation de la fabrication de produits et en aidant à leur conception.

POUR LES CURIEUX

Calculateur ou ordinateur ?

Un ordinateur, c'est une machine à calculer très évoluée. On utilise souvent des petites « calculettes » pour effectuer des calculs simples. En somme, un ordinateur c'est comme une supercalculette, une calculette beaucoup plus élaborée qui permet non seulement de faire ses comptes, mais aussi d'écrire et d'imprimer son courrier, de créer des images ou bien de s'amuser avec des jeux vidéo.

Un ordinateur est une machine électronique qui concentre en un seul appareil un ensemble de petites machines que l'on avait l'habitude d'utiliser séparément : machine à écrire, machine à calculer, fax, imprimerie, etc. On l'utilise aujourd'hui pour de très nombreuses applications, depuis la conception d'images jusqu'au pilotage de machines industrielles complexes.

Les ordinateurs sont nés dans les années 1940, et furent d'abord utilisés comme supercalculateurs : des machines à calculer géantes qui pouvaient réaliser simultanément des centaines d'opérations mathématiques. On les a ainsi utilisés dans des domaines où les calculs sont complexes, notamment dans le secteur de la recherche spatiale. On appelle informatique la science qui touche aux ordinateurs et à la conception des applications associées.

De nos jours, les ordinateurs sont constitués d'une part de circuits électroniques qui forment « l'intelligence » de la machine, et d'autre part d'un clavier et d'un écran qui en permettent le pilotage. Pour exploiter un ordinateur il est également nécessaire d'utiliser des logiciels, programmes informatiques qui pilotent l'ordinateur dans la réalisation d'une fonction. Par exemple, un logiciel de « traitement de texte » permettra à l'ordinateur de réaliser la fonction de machine à écrire. Un logiciel de conception d'images permettra à l'utilisateur de réaliser des dessins.

L'informatique est un domaine qui évolue vite. Les ordinateurs deviennent de moins en moins encombrants, notamment les ordinateurs portables. Les usages sont de plus en plus nombreux et complexes, comme par exemple la photographie ou le montage de films.

Les réseaux informatiques

En parallèle du développement de machines de plus en plus pointues dans leurs tâches, on s'est intéressé au fait de pouvoir les faire « communiquer » entre elles. L'idée était de pouvoir échanger des informations et des messages entre ordinateurs. On a ainsi mis au point un système et des langages communs qui permettent aux ordinateurs de communiquer à distance d'une machine à une autre lorsqu'elles sont reliées entre elles par un câble électrique. C'est ce qu'on appelle les réseaux informatiques.

Les réseaux informatiques sont aujourd'hui très utilisés à différentes échelles, notamment au sein des entreprises et des universités, où les ordinateurs utilisés par les collaborateurs ou les étudiants peuvent échanger des informations et partager des ressources documentaires communes. À grande échelle, l'ensemble des ordinateurs connectés les uns aux autres dans le monde forme ce qu'on appelle Internet (voir chapitre 6).

POUR LES PASSIONNÉS

Hard et Soft

Dans un ordinateur, on distingue la partie matérielle (en anglais *hardware*) de la partie logicielle (en anglais *software*).

Le *hardware* constitue l'ensemble des circuits et composants électroniques internes de l'ordinateur, généralement assemblés dans une *unité centrale*, ainsi que l'écran et le clavier, éléments indispensables à la communication avec l'extérieur. Les éléments complémentaires tels que souris, imprimante, lecteur CD ou scanner sont appelés *périphériques*.

Les logiciels sont les programmes informatiques qui permettent d'utiliser le *hardware* pour des applications telles que le traitement de texte ou la conception d'image, par exemple. Les logiciels sont relativement indépendants de l'ordinateur, c'est-à-dire qu'un même logiciel peut généralement s'utiliser sur des ordinateurs de marques et de caractéristiques différentes.

Habituellement, les fabricants d'ordinateurs se concentrent sur la partie hardware, laissant le soin à d'autres de concevoir des logiciels. Parmi ceux-ci on peut citer IBM, Hewlett Packard (HP) ou Dell, mais il en existe de nombreux autres. Le fabricant de logiciels le plus connu est Microsoft, notamment grâce à son logiciel de traitement de texte Word, ou encore Excel qui permet de réaliser des tableaux de calculs.

Documents et fichiers

On utilise les ordinateurs pour créer des documents à partir d'un logiciel spécifique. Par exemple, on peut créer une lettre que l'on nommera « lettre du 1er septembre 2002 à ma fille » à partir d'un logiciel de traitement de texte. Les documents sont mémorisés par l'ordinateur et classés dans des fichiers, dont les noms et l'organisation sont décidés par l'utilisateur.

Afin de mémoriser et transférer des documents, on peut utiliser des disquettes qui sont des supports dans lesquels il y a un disque magnétique, un peu comme les cassettes audio, sur lesquels on enregistre les données. On utilise également le CD-ROM (*Compact Disc – Read Only Memory*) qui est un support optique, c'est-à-dire que le décryptage se fait par l'intermédiaire d'un petit rayon laser (voir chapitre 2). Un CD-ROM est conçu suivant la même technologie qu'un CD audio, sauf qu'on l'utilise pour stocker des données informatiques et non de la musique. Le CD-ROM est à présent le support de stockage le plus généralisé. Les clefs USB sont également un moyen de mémoriser ses documents. Il s'agit d'un petit circuit électronique de type « mémoire » qui se branche sur la prise dite USB (pour *Universal Serial Bus*) de son ordinateur. C'est encore plus pratique qu'une disquette ou un CD car c'est beaucoup plus petit et cela se branche instantanément sur n'importe quel ordinateur.

Utilisation des ordinateurs

Il serait vain d'essayer de citer tous les usages possibles des ordinateurs tant ils sont nombreux, on peut néanmoins les classer en plusieurs catégories :

- à la maison, ce sont principalement des applications grand public telles que le traitement de texte, les jeux vidéos, la conception d'images…

– au bureau, dans les universités et les centres de recherche, en plus des applications grand public on peut citer des usages professionnels tels que la réalisation de calculs complexes, l'utilisation de bases de données pour stocker et traiter un grand nombre d'informations (par exemple pour effectuer la comptabilité), ou bien la constitution de bases documentaires...
– dans les bureaux d'études on les utilise pour modéliser simuler le fonctionnement d'un avion, d'un nouveau modèle de voiture ou bien simplement d'un aspirateur...
– dans les usines, on les utilise pour la conception de produits assistée par ordinateur et pour le pilotage de machines de fabrication.

Les réseaux informatiques, constitués de plusieurs ordinateurs connectés entre eux, permettent d'autre part de partager les mêmes documents, d'échanger des informations et d'utiliser des périphériques partagés, comme par exemple une même imprimante pour plusieurs ordinateurs d'une même pièce. Les ordinateurs sont également indispensables à l'utilisation d'Internet, immense réseau informatique à l'échelle mondiale (voir chapitre 6).

Y'a un bug!

« Bug » est un terme utilisé en informatique pour décrire une anomalie de fonctionnement d'un programme. Selon la légende, le mot provient d'un laboratoire universitaire américain où fut conçu en 1946 un des tout premiers ordinateurs, gigantesque machine électronique qui nécessitait l'occupation d'une pièce entière. Un soir, un papillon nocturne, attiré par la chaleur dégagée par la machine, s'est coincé dans un circuit électronique et a provoqué une panne. Le terme anglais pour insecte étant *bug*, le nom serait resté pour désigner une erreur informatique.

Par la suite, il a été reconnu que l'utilisation de ce terme par les ingénieurs américains était bien antérieure à cet événement, puisque l'on a retrouvé ce mot dans les notes de Thomas Edison qui œuvrait dans les années 1870. En français, il est recommandé d'utiliser le terme « bogue », mot de consonance proche qui désigne aussi l'enveloppe piquante de la châtaigne.

Le célèbre « bug de l'an 2000 » n'eut finalement pas lieu car il a été correctement anticipé. Il s'agissait d'une erreur informatique qu'aurait généré, sans les corrections apportées, le changement de siècle le 1er janvier 2000, les ordinateurs et leurs programmes ayant souvent été conçus initialement pour ne compter les dates que jusqu'au 31 décembre 1999.

POUR LES EXPERTS

L'anatomie de l'ordinateur

Matériel (Hardware)

Les principaux éléments du *hardware*, en dehors des périphériques type écran, clavier et souris, sont le microprocesseur et la mémoire.

Microprocesseur

Le microprocesseur est le véritable cerveau de l'ordinateur. C'est le grand horloger, celui qui commande lorsque les autres éléments exécutent. C'est un composant électronique unique qui fixe la priorité des tâches à effectuer, les synchronise, ordonne de mémoriser les informations nécessaires, pilote les autres composants, réagit en fonction des informations qu'il reçoit de tous les éléments et de ses périphériques.

C'est lui qui coordonne l'affichage sur l'écran des lettres tapées sur le clavier, ou l'impression d'un document. Le microprocesseur, cerveau, commande l'exécution aux organes, écran ou imprimante. Il gère aussi les priorités et les exécutions de tâches en parallèle.

Mémoire

L'ordinateur au cours de son fonctionnement a souvent besoin de mémoriser l'information. Lorsqu'un document est composé, il est nécessaire de pouvoir l'enregistrer, afin de le conserver, le consulter ultérieurement, le modifier ou le compléter.

D'autre part, lorsque l'ordinateur effectue un calcul complexe, il est souvent nécessaire de réaliser plusieurs calculs plus simples les uns à la suite des autres avant d'arriver au résultat final. Dans ce cas il est nécessaire de pouvoir mémoriser les résultats intermédiaires.

Cela suppose que l'ordinateur puisse disposer d'éléments jouant le rôle de mémoire. L'ordinateur possède en réalité plusieurs types de mémoires :

- La mémoire « morte », aussi appelée ROM (*Read Only Memory*) : c'est ici que sont inscrites les données de base, en quelque sorte les principes et réflexes minimaux de l'ordinateur, le socle de son fonctionnement. Ces données ne sont pratiquement jamais modifiées et ne sont pas effacées lorsqu'on éteint l'ordinateur.
- La mémoire « vive », aussi appelée RAM (*Random Access Memory*), se présente sous forme de composants électroniques constituant le « brouillon » de l'ordinateur : c'est ici que l'ordinateur va en permanence écrire des données intermédiaires pour son fonctionnement courant. Ces données sont sans arrêt écrites, effacées, modifiées et ne sont pas conservées lorsque l'on éteint l'ordinateur.
- Le disque dur, mémoire de type RAM, qui se présente sous forme d'un disque magnétique, espace de mémorisation entiè-

rement dévolu à l'utilisateur : c'est ici que viendront s'enregistrer les différents logiciels installés sur l'ordinateur, ainsi que les documents créés.

Carte mère

La carte mère est la carte électronique sur laquelle sont fixés les principaux composants de l'ordinateur (microprocesseur, mémoire, etc.) et qui permet la connexion entre eux.

Logiciels (Software)

Les éléments logiciels se composent du système d'exploitation et des logiciels applicatifs

Système d'exploitation

Le système d'exploitation joue le rôle d'interface entre l'utilisateur et la machine. Il traduit les commandes de l'utilisateur (du type créer un document, imprimer une image, sauvegarder en mémoire) en langage électronique compréhensible par le microprocesseur et les différents éléments du hardware (des suites de 0 et de 1). Il pilote les tâches de la machine, lance et « fait tourner » les différents logiciels. Les systèmes d'exploitation les plus utilisés sont Windows, format propriétaire de l'entreprise Microsoft, et Unix, format libre et ouvert.

Logiciels applicatifs

Les logiciels applicatifs sont les programmes réellement utiles pour l'utilisateur : les plus connus sont les logiciels développés par Microsoft qui permettent l'usage de traitement de texte (Microsoft Word) ou de tableaux de chiffres (Microsoft Excel). Il en existe des centaines, tous spécialisés dans des fonctions déterminées, telles que la conception d'image ou la gestion du stock d'une entreprise.

Taille des informations

Le bit est l'unité de base de l'ordinateur, l'unité élémentaire binaire. En informatique on parle également d'octets, un octet étant une suite de 8 bits. Les abréviations utilisées sont : b (bit) et o (octet). Bit est un mot qui s'emploie indifféremment en anglais et en français, tandis qu'octet se traduit par byte (prononcer « baïte »), ce qui n'est pas sans induire quelques confusions.

Les informations sont souvent codées par des octets ou des multiples d'octets : par exemple chaque lettre de l'alphabet est transcrite sous forme d'un octet. Ou encore : on peut coder la musique sur 24 bits (3 octets) ce qui signifie que chaque note sera représentée par une suite de 24 bits, ce qui permet d'utiliser une variation de 2^{24} soit 16 millions de notes. On utilise les préfixes kilo (mille), méga (million), giga (milliard) pour compter les bits ou les octets. Une mémoire de 20 Go, peut contenir au maximum 20 giga-octets d'information.

Un document de traitement de texte simple représente quelques dizaines ou centaine de kilo-octets. Une photographie numérique de bonne qualité représente plusieurs centaines de kilo-octets, tandis qu'une chanson de 3 minutes codée en MP3 représente plusieurs mégaoctets (environ 2 Mo). Une mémoire de 20 Go, peut donc contenir 20 milliards de lettre d'un octet ou bien 10 000 morceaux de musique de 3 minutes environ.

Compression

La compression est un procédé permettant la réduction de la quantité de symboles nécessaires pour représenter une information. Dans l'informatique, ce sont des procédés que l'on utilise pour coder une information sur un nombre de bits plus réduit. Ce sont des techniques fréquemment employées pour la manipulation et l'archivage du son et de l'image, qui seraient sans cela très volumineux.

Une première famille de méthode est la compression dite sans perte, totalement réversible, qui compacte l'information. On cherche à recoder d'une manière plus concise l'information, sans aucune perte de données sur l'information d'origine. La compression ZIP, qui permet de réduire significativement la taille de nos fichiers bureautiques, en est un exemple.

Il y a plusieurs méthodes de compression sans perte. L'une d'entre elle utilise le même principe que le morse, dont la longueur des codes varie selon la fréquence de l'information codée, les informations les plus fréquentes utilisant les codes les plus courts. Une deuxième méthode consiste à coder la redondance : toute suite de bits ou de caractères identiques est remplacée par un couple (nombre d'occurrences ; valeur du bit). Un troisième moyen exploite la « continuité » de l'information : on ne code que les différences entre deux données successives. Par exemple pour une vidéo, souvent, d'une image sur l'autre, le sujet bouge mais le fond reste très semblable et on peut ne coder que ce qui change.

La deuxième famille de méthodes est la compression avec perte, qui est irréversible. Une fois la compression effectuée, on ne pourra plus retrouver l'information d'origine. Ici, on sélectionne certaines informations qui seront ignorées sans pour autant en dégrader la perception. Ces méthodes exploitent les faiblesses de nos sens, qui ne perçoivent pas de façon exhaustive tous les détails d'une image, d'un film ou d'une musique. Une légère perte de qualité est tolérée sans dégradation de la perception générale.

Parmi les méthodes de compression avec pertes les plus connues, on peut citer :

- JPEG (*Joint Photographic Expert Group*) utilisé pour la compression d'images numériques,
- MPEG (*Motion Picture Expert Group*) utilisé pour la compression audio et vidéo. MPEG a connu plusieurs versions, à commencer par la version MPEG1 qui n'est plus guère

utilisée que pour la compression audio. Le fameux format MP3 ne signifie pas MPEG3 mais MPEG1/Audio Layer 3 et correspond à la spécification sonore du standard MPEG1. Ce format populaire de compression audio permet une compression d'environ 1 pour 12. Un fichier audio occupe ainsi 12 fois moins d'espace une fois transformé en format MP3. La version MPEG la plus utilisée aujourd'hui est MPEG-2, pour la transmission audiovisuelle de qualité standard. La version MPEG-3 n'est pas utilisée et MPEG-4 est une version en plein développement notamment pour la gestion de l'interactivité dans l'image.

Les algorithmes de compression mélangent souvent plusieurs méthodes. La compression est couramment utilisée sans que l'on s'en rende compte, comme par exemple pour la voix dans nos conversations téléphoniques fixes et mobiles, ou bien encore pour la télévision où elle facilite l'archivage et la manipulation d'un grand nombre d'images.

Les protocoles

On appelle protocoles les langages informatiques standardisés utilisés par des ordinateurs pour communiquer les uns avec les autres et échanger des informations.

À partir du moment où l'on a su interconnecter des machines différentes, il a fallu inventer des langages communs pour leur permettre de communiquer. C'est comme lors d'une réunion d'hommes d'affaires de différentes nationalités, lorsqu'on décide d'utiliser une langue unique, l'anglais par exemple, afin que tout le monde se comprenne.

Ainsi, c'est un protocole informatique particulier qui définit comment on peut envoyer puis décoder un message électronique (e-mail) d'une machine à une autre, même si ces deux machines sont différentes. Le protocole Internet (*Internet Protocol*, d'où vient le sigle IP) est un protocole majeur qui définit la communication des ordinateurs entre eux sur les réseaux informatiques.

6. Internet, un bel avenir

Internet constitue la dernière avancée technologique décrite dans ce livre. C'est un immense réservoir d'innovations qui entraîne régulièrement l'invention de nouveaux moyens de communication.

POUR LES CURIEUX

Et Internet devient facile

Si vous êtes arrivé à ce chapitre sans refermer cet ouvrage et sans l'avoir irrémédiablement jeté aux oubliettes en vous disant que décidément vous n'y comprendrez jamais rien, je vous annonce une grande nouvelle : vous savez déjà ce que c'est qu'Internet.

Internet, c'est la fusion du chapitre 4 et du chapitre 5, le mariage du téléphone et de l'ordinateur.

Le chapitre 4 sur les télécommunications décrivait le téléphone et d'autres inventions qui permettent de se parler les uns les autres n'importe où dans le monde, tandis que le chapitre précédant vous expliquait comment les ordinateurs permettent de publier des textes et des images.

Un beau jour on a eu l'idée de faire communiquer entre eux les ordinateurs en utilisant le téléphone, et l'Internet fut créé. Internet c'est l'interconnexion des ordinateurs du monde entier à travers les réseaux de télécommunication. Internet tire d'ailleurs son nom de l'abréviation *d'internetworking*, que l'on peut traduire par « interconnexion de réseaux ».

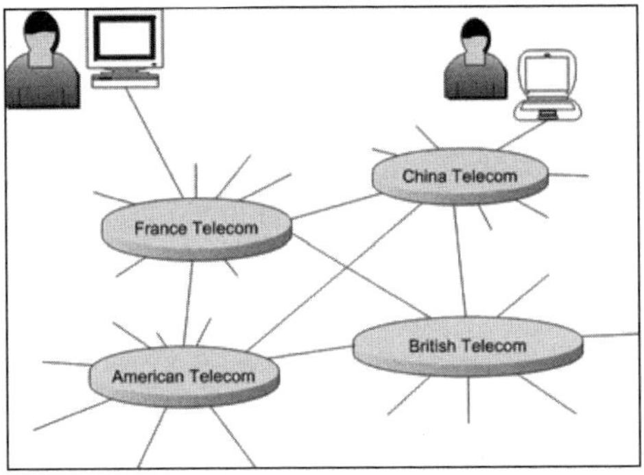

Avec Internet on peut alors s'échanger des courriers électroniques (en anglais *e-mail*, abréviation de *electronic mail*), sous forme de messages tapés sur l'ordinateur. Mais on peut aussi consulter des textes et des images publiés par d'autres ordinateurs connectés au réseau.

Si vous avez connu le Minitel, vous avez en quelque sorte déjà utilisé l'Internet, puisque Internet offre les mêmes fonctionnalités que le Minitel, sauf que c'est accessible depuis son ordinateur branché sur le téléphone et non depuis un appareil spécial. L'autre différence, c'est que tous les pays du monde l'utilisent et non uniquement la France, et que les services disponibles sont un peu plus évolués et ergonomiques que ceux du 3615.

Mais quel est le lien entre Internet et le téléphone ?

Lorsque grand-mère voit son petit-fils brancher son ordinateur sur le téléphone, en lui disant que c'est pour accéder à Internet, elle n'est pas certaine de voir le lien...

En fait on utilise le réseau téléphonique pour pouvoir raccorder les ordinateurs ensemble. Le fil du téléphone devient donc le moyen de brancher son ordinateur sur le réseau de l'opérateur téléphonique, qui lui-même est connecté aux réseaux des autres opérateurs dans le monde. On a appelé Internet l'ensemble de ces réseaux interconnectés. Ainsi, en branchant son ordinateur sur le téléphone on peut accéder à Internet, en fait à tous les autres ordinateurs connectés à un réseau téléphonique dans le monde.

Les deux principales utilisations d'Internet sont :

– l'échange de courriers électroniques : chacun se voit attribué une adresse électronique unique généralement constituée à partir de son nom. On tape alors un message écrit à l'aide de l'ordinateur et on l'envoie par Internet en spécifiant l'adresse. Le destinataire reçoit le message presque instantanément sur son ordinateur après qu'il a transité sur les réseaux de télécommunication.
– la consultation de sites Internet (on dit aussi sites *web*) : ce sont des bases documentaires, des médias, des jeux vidéo ou bien encore de la vente par correspondance, accessibles sous forme de textes, images et son, via son ordinateur. Par exemple en se connectant à Internet on peut afficher le catalogue de vente par correspondance de son fournisseur préféré, faire sa commande et la payer. On peut aussi lire les articles d'un magazine. N'importe qui peut aussi publier ses propres documents et les rendre accessibles à tous. On peut commander ses billets d'avion ou consulter le solde de son compte bancaire.

On n'a pas encore fini d'explorer tous les usages que l'on pouvait faire de l'Internet. Il y a néanmoins deux applications apparues récemment qui méritent qu'on s'y attarde :

- le téléphone par Internet : cela paraît un peu incompréhensible puisqu'on a vu qu'Internet n'était ni plus ni moins que la connexion des ordinateurs par le réseau téléphonique. Néanmoins le temps de communication sur Internet est facturé par les opérateurs bien moins cher que le temps de communication téléphonique traditionnelle. L'idée est donc de se servir de son ordinateur pour passer ses communications téléphoniques afin de bénéficier de tarifications moins onéreuses.
- la télévision par Internet : on sait à présent diffuser les chaînes de télévision à travers les réseaux téléphoniques. On peut ainsi connecter son ordinateur ou son téléviseur à Internet pour recevoir la télévision. Cela présente l'intérêt de pouvoir recevoir de nombreuses chaînes, à la façon des abonnements à la télévision par câble ou par satellite.

POUR LES PASSIONNÉS

Net = Network = Réseau

Internet est le nom générique que l'on donne à l'ensemble des réseaux informatiques interconnectés à travers le monde.

Internet, ce n'est pas un réseau unique exploité par un seul opérateur. C'est un ensemble constitué par tous les opérateurs de réseaux qui se mettent d'accord pour se connecter les uns aux autres et parler le même « langage » informatique afin de pouvoir communiquer et échanger des informations.

Ce qui rend Internet un peu magique, c'est la possibilité qu'a chaque ordinateur de pouvoir communiquer avec n'importe quel autre ordinateur connecté, ainsi que d'aller consulter une information présente sur n'importe quel machine où elle est mise à disposition du public.

L'accès

L'accès à Internet se fait via un *fournisseur d'accès à Internet*, qui offre la possibilité de se raccorder à Internet, le plus souvent par un branchement sur une prise téléphonique. La connexion à Internet est caractérisée par son débit, qui est la vitesse de transmission des informations. Plus le débit est important, plus la quantité d'informations transmise par unité de temps peut être élevée, ce qui se traduit par exemple lors de consultation de pages Internet, par un affichage beaucoup plus rapide des images et du texte sur l'écran.

L'**ADSL** (*Asymmetric Digital Subscriber Line,* en français « ligne d'abonné numérique asymétrique ») est une technologie qui permet d'offrir un accès Internet à haut-débit sur les lignes téléphoniques traditionnelles en parallèle de la téléphonie. Cette innovation permet de se connecter à Internet à haut-débit en utilisant une prise téléphonique classique, c'est-à-dire que la vitesse de communication est accélérée et que la connexion à Internet se fait en parallèle de la ligne téléphonique : on peut alors utiliser simultanément le téléphone pour une communication et utiliser l'ordinateur pour se connecter à Internet.

Usages

Les principaux usages que l'on fait de l'Internet aujourd'hui sont :

- les courriers électroniques : envoi et réception de courrier sous la forme de messages électroniques que l'on lit sur son ordinateur. Le courrier électronique est aussi appelé e-mail, anglicisme pour *electronic mail*. En français on peut utiliser le mot « courriel ».

– la consultation de pages d'informations : sous la forme de textes ou d'images, des milliers d'informations sur toutes sortes de sujets (actualité, sport, loisirs, culture...) sont stockées sur les ordinateurs connectés à l'Internet dans le monde entier et rendues disponibles à tous les usagers, souvent gratuitement.
– le commerce électronique : accès à des services permettant de réserver un billet de train, d'effectuer un virement bancaire ou d'acheter un disque à distance. C'est exactement le même modèle que la vente par correspondance de la Redoute ou des 3Suisses sauf que l'on consulte le catalogue, que l'on commande et paye via son ordinateur.

Vous avez dit « web » ?

On parle souvent d'Internet comme du web, mot anglais qui signifie la « toile ». Internet est ainsi nommé parce que si on représente tous les réseaux interconnectés, cela peut faire penser à une toile d'araignée. Le web désigne plus spécifiquement l'application qui consiste à consulter des « pages » d'information ou de commerce électronique.

Les pages web sont stockées sur des serveurs, des ordinateurs spécialisés dans la mémorisation et la publication d'informations. Chacun « télécharge » depuis son ordinateur la page à distance pour la découvrir sur son écran.

Ce qui fait le succès du web, c'est l'interactivité de la consultation, rendue possible par l'activation de « liens » entre différentes pages d'informations, auxquelles on accède par un simple clic de souris.

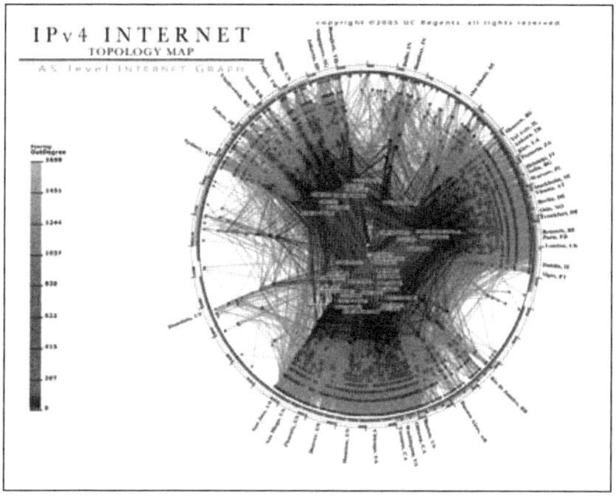

Chaque page web est identifiée de façon unique par un nom du type www.pageweb.com (par exemple www.sncf.fr), constitué de 3 éléments :

– « www », qui signifie *World Wide Web*, permet de spécifier à l'ordinateur que le type d'information recherché est du type page web, disponible sur Internet.
– « page web », qui est le nom de la page en question.
– « com », qui est un suffixe permettant d'identifier l'origine géographique ou typologique de l'information (.fr pour un contenu français, .es pour un contenu espagnol, .com pour un contenu américain à usage « commercial », .org pour un contenu américain à usage non commercial, etc).

Ne pas confondre adresse e-mail et adresse Internet !

L'adresse e-mail est utilisée dans la messagerie électronique pour identifier le destinataire du message. Elle est du type nom@opérateur.fr (par exemple albert.durand@fournisseur.fr) et permet la distribution de courrier électronique jusqu'à l'ordinateur destinataire. On l'utilise avec son logiciel de messagerie lorsqu'il s'agit de renseigner le champ « destinataire » du courrier. Dans l'envoi de courrier traditionnel, cela correspond à l'adresse que l'on écrit sur l'enveloppe avant de l'envoyer par la poste.

L'adresse d'un site Internet est de la forme www.pageweb.fr et pointe vers une source documentaire ou page web : texte, photos, etc. On l'utilise avec un logiciel de navigation sur Internet et elle permet d'afficher à l'écran les informations recherchées.

Internet ou Intranet ?

Si Internet désigne généralement l'ensemble des pages web consultables sans restriction, on utilise le mot Intranet pour désigner un ou plusieurs sites réservés à un usage privé et restreint, par exemple pour les employés d'une même entreprise ou d'une administration. Ces pages ne seront visibles que par les membres du groupe, à partir d'un ordinateur appartenant à l'organisation en question. L'accès depuis l'extérieur n'est pas possible. Cela permet de publier et de partager des informations sur le modèle Internet, mais de façon protégée.

Le futur du Net

Internet représente une rupture technologique importante en combinant :

- un média permettant la publication d'informations du type pages personnelles et sites en tous genres, médial traditionnels

(journaux, magazines, radios, télévisions), publicité, entreprises, administrations, associations...
- une source de divertissement : jeux...
- un canal commercial : publication de catalogues, vente par correspondance de produits et services...
- un moyen de communication : e-mail, chat, forum, rencontres, téléphonie...

C'est également une combinaison d'éléments uniques qui garantissent son succès à long terme :
- Interactivité : la consultation du contenu est rendue vivante par les liens tissés entre les pages, auxquelles on accède par de simples clics. D'autre part chacun contribue à la publication de contenu en donnant son avis, en participant à des forums de discussion, ou en élaborant des pages personnelles.
- Liberté : la plupart du contenu est en accès public libre et souvent de façon gratuite. Il n'y a aucune contrainte pour consulter les différents sites Internet.
- Universalité : le même contenu est accessible du monde entier au même moment.

Ces éléments de succès ne sont d'ailleurs pas sans poser quelques problèmes, qui n'ont pas encore trouvé de réponse adéquate. On peut citer notamment la question des droits d'auteur pour la création artistique, de la publication d'informations par des sources invérifiables, ou bien du support d'activités illégales ou criminelles via Internet.

Il reste sans doute encore beaucoup d'autres choses à inventer autour de l'Internet car c'est un univers en constante évolution.

POUR LES EXPERTS

Une histoire contemporaine

L'Internet est né aux États-Unis, d'un père militaire et d'une mère universitaire. Dans les années 1960, le milieu de la recherche universitaire s'attache à faire communiquer entre eux des ordinateurs à des fins de partage de savoir. Parallèlement le ministère de la Défense américain cherche à établir un système de communication sécurisé en cas d'attaque atomique généralisée sur son territoire. Le réseau téléphonique traditionnel est vulnérable car il fonctionne selon la commutation de circuit (voir encadré page 110). C'est ainsi que verront le jour dans les années 1960 et 1970 des réseaux de communication informatiques longues distances, fonctionnant en mode de commutation par paquet. On invente également des applications qui vont avec, notamment le mode de communication asynchrone, c'est-à-dire en temps différé, qui convient parfaitement à ce type de réseau. C'est ainsi que la première démonstration publique du courrier électronique eut lieu en 1972. En 1983, les standards de langages informatiques encore utilisés aujourd'hui pour l'Internet sont adoptés.

Ces réseaux sont peu à peu abandonnés par les militaires aux usages civils et leur gestion en est confiée à une organisation publique. Les usages sont alors essentiellement dédiés à la recherche universitaire et au partage du savoir. Les connections et l'accès à l'information sont gratuits. C'est ainsi que s'est créée autour de l'Internet une culture forte de l'accès gratuit à l'information qui perdure aujourd'hui. Dans les années 1990, les premiers éléments commerciaux apparaissent avec le développement des usages grand public de l'Internet, et la fourniture d'accès est désormais gérée par des sociétés privées.

L'accès

Pour accéder à Internet, il faut équiper son ordinateur d'un modem, mot qui signifie **mo**dulateur – **dém**odulateur, et qui désigne un circuit électronique faisant l'interface entre l'ordinateur et le réseau de télécommunication. Il conditionne les informations émises par l'ordinateur pour pouvoir les transmettre suivant le format adéquat sur le réseau. Il récupère aussi les données qui lui sont envoyées et les transforme en un format lisible par l'ordinateur. Certains ordinateurs sont équipés de modem intégré.

Les connexions à **haut-débit** sont les plus confortables d'utilisation. Le débit est la quantité d'information que l'utilisateur peut transmettre ou recevoir par unité de temps. On parle de kilobits par seconde (kbps) ou de mégabits par seconde (Mbps). Le bit est l'information élémentaire utilisée en informatique et 1 octet (o) = 8 bits. Si un document texte représente quelques kilo-octets, une image haute définition peut, elle, « peser » un ou deux megaoctets. Quant à un morceau de musique de 5 minutes codé en MP3, il représente facilement 3 ou 4 Mo.

Le débit maximal que l'on peut obtenir sur une ligne téléphonique traditionnelle est de l'ordre de 50 kbps. Ce qui veut dire qu'il faudra quelques secondes pour transmettre un fichier texte, mais de longues minutes pour transmettre et recevoir des images ou sons :

- pour un fichier texte d'une page de 40 koctets, soit 320 kbits, il faudra 320 kb/50 kbps = 6,4 secondes.
- pour un morceau de musique MP3 de 5 minutes de 3 Mo, soit 24 Mbits, il faudra 24000 kb/50 kbps = 8 minutes.

Les accès haut débit améliorent significativement le confort d'utilisation de l'Internet avec des débits de 500 kbps, 1 Mbps et plus avec le câble ou l'ADSL. Avec un débit de 500 kbps, cent fois plus rapide que l'accès par ligne téléphonique traditionnelle, on télécharge le même fichier texte en 6 centièmes de seconde, et le morceau de musique en 5 secondes.

Le voulez-vous en circuit ou en paquets ?

La commutation est le terme employé pour désigner les techniques de télécommunication qui permettent d'établir une communication entre l'appelant et le destinataire. C'est ce qui détermine comment va être réalisé l'aiguillage de l'information dans le réseau depuis la source jusqu'à la destination. Il y a deux grandes familles de techniques de commutation : la commutation de circuit et la commutation de paquets.

La commutation de circuit établit un circuit électrique permanent entre l'appelant en un point A et l'appelé en un point B. C'est le mode de commutation du réseau téléphonique traditionnel. Lorsque l'on numérote et que le correspondant décroche, un circuit est ouvert entre les deux correspondants. Il peut y avoir plusieurs façons possibles d'établir un circuit entre le point A et le point B, via des chemins divers, mais pour une communication donnée et sur toute sa durée, un unique circuit sur un chemin donné est établi. Toute coupure intervenant en un point du circuit interrompt la communication. Même si le circuit n'est pas utilisé (pauses ou silences), le circuit reste établi et la communication n'est pas interrompue. Une capacité constante sur ce circuit est réservée pour la communication.

Les techniques de commutation par paquets découpent l'information en petits paquets de longueur standard. Chaque paquet est émis jusqu'à destination indépendamment des autres, et le destinataire reconstitue le message après réception des paquets. Cela permet de router les paquets par le chemin le plus efficace en fonction des conditions d'engorgement des réseaux. Deux paquets d'un même message peuvent donc prendre deux chemins différents pour arriver à destination. En cas de coupure d'un chemin, le paquet peut prendre un chemin différent. En cas de paquet non arrivé, il peut être réémis par un chemin différent. La commutation par paquets est utilisée dans les réseaux informatiques et c'est sur cette technique que se base Internet.

À l'inverse de la commutation de circuit, il n'y a pas de circuit permanent établi entre la source et la destination, et donc pas de capacité (on dit aussi bande passante) constante réservée entre ces deux points. Lorsqu'il n'y a pas d'information à transmettre, la bande passante peut être réutilisée pour d'autres communications.

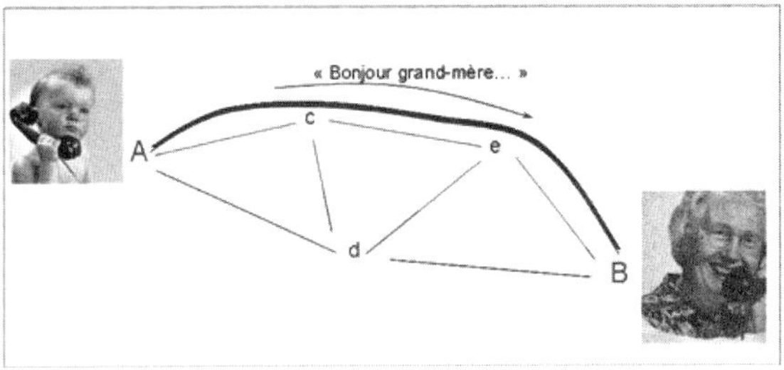

Commutation de circuit

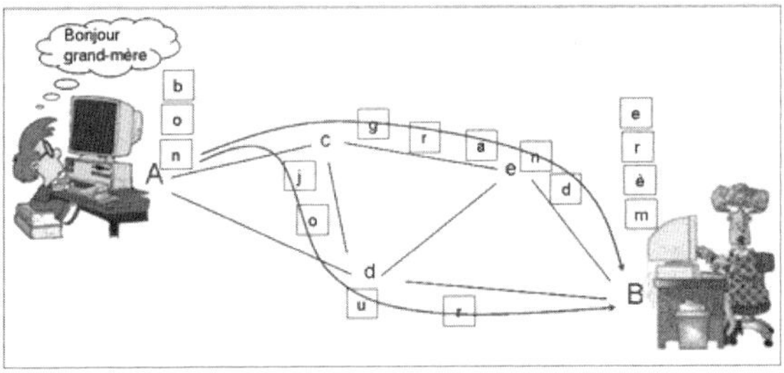

Commutation par paquets

La commutation par paquets s'avère très économique, car elle utilise la bande passante « au plus juste », elle est également robuste aux pannes. En revanche, elle est moins performante pour les utilisations en temps réel car les délais de transmission peuvent être variables : la qualité de la transmission de la voix ou de la vidéo en direct peut s'en trouver dégradée. C'est le mode de communication idéal pour la messagerie électronique ou la navigation sur Internet.

La commutation de circuit est un système plus vulnérable, car une coupure du circuit entraîne l'interruption de la communication. La bande passante est monopolisée quel que soit son taux d'utilisation, c'est donc un système peu économique. La bonne qualité de communication, qui résulte de ce débit constant garanti, en fait le système privilégié pour les transmissions en temps réel de type voix ou vidéo.

En réalité on atteint rarement ces vitesses car il faut également tenir compte du débit disponible sur l'ensemble du réseau Internet entre la source et le destinataire. Il peut exister des goulots d'étranglement qui ralentissent la transmission des informations.

Le **Wi-Fi**, abréviation de *Wireless-Fidelity* (pour copier hi-fi), est un système qui permet de se connecter à Internet à haut-débit et sans fil, lorsqu'on est à proximité d'une borne spéciale, dans un rayon de 100 mètres environ. On branche un petit modem sur son ordinateur qui entre en communication via une onde radio avec la borne, elle-même connectée à Internet sur un réseau filaire par l'intermédiaire d'une prise téléphonique par exemple. L'idée est de s'affranchir de toute connexion par fil, chez soi, mais aussi à l'hôtel ou dans les halls d'aéroport. Le problème principal du Wi-Fi est que lorsqu'on s'éloigne trop de l'antenne sur laquelle s'est effectuée la connexion d'origine, la connexion est coupée.

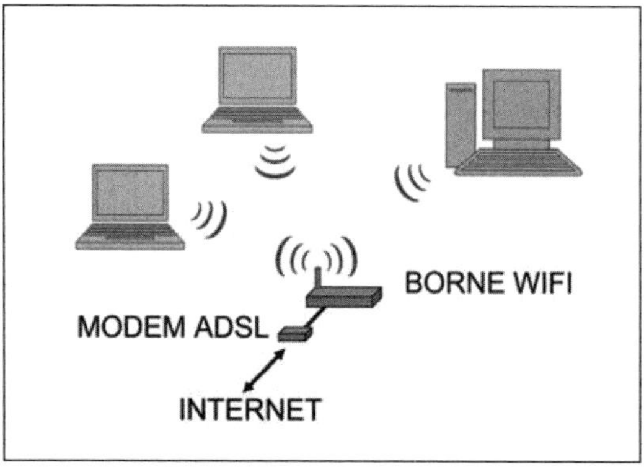

Il y a de grandes similitudes avec les technologies de transmission de données à haut-débit développées pour les réseaux mobiles dits de 3e génération (UMTS). Mais la grande différence, c'est le « handover », c'est-à-dire la capacité d'assurer la continuité de la communication même lorsque l'utilisateur sort de la zone d'influence d'une borne pour passer à une autre. Cette fonction n'est pas assurée par le Wi-fi. UMTS et Wi-Fi sont tout simplement deux normes techniques différentes, le Wi-Fi vient du monde informatique qui n'avait pas intégré ce paramètre, tandis que l'UMTS vient du monde des télécoms mobiles, dont la préoccupation première a toujours été la gestion de la mobilité. Dans un cas c'est l'informatique, spécialiste de la transmission de données qui aborde la mobilité, dans l'autre ce sont les télécoms, spécialistes des communications mobiles qui abordent la transmission de données.

La technologie Internet

IP, abréviation de *Intenet Protocol*, est le langage informatique adopté et utilisé communément par tous ceux qui veulent échanger des données via Internet. Une adresse IP est un numéro unique attribué à une machine informatique connectée à Internet permettant de l'identifier. Autour de l'IP qui définit les bases de règles de transmission de l'information sur les réseaux informatiques, un certain nombre d'autres protocoles régissent les différentes applications de l'Internet, telles que :

- smpt (*simple mail transfer protocol*), qui régit les échanges de courrier électronique,
- ftp (*file transfer protocol*), qui régit le téléchargement et l'envoi de fichiers,
- http (*hyper-text transfer protocol*), qui régit la navigation sur les pages web.

Http est le sigle que l'on utilise dans son navigateur afin d'indiquer à la machine que l'on désire utiliser le protocole http pour atteindre une page web. Le sigle « www » signifie « world wide web » (toile mondiale), synonyme d'Internet. Ainsi, lorsque l'on tape http://www.pageweb.fr, cela signifie :

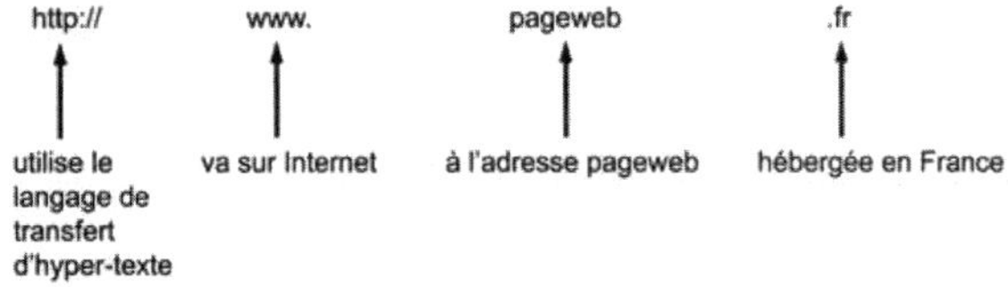

Le nom de la page web est ensuite traduit en une adresse IP à l'aide de serveurs spécifiques dont la fonction est de répertorier et de tenir à jour les équivalences entre les noms des pages web et les adresses IP qui leur ont été attribuées.

L'**hyper-texte** est une astuce qui rend un mot ou une image « active » en l'indexant à une autre page, texte ou image. Les informations sont ainsi liées. On parle de lien hypertexte, qui apparaît souvent en couleur et souligné sur les sites, et lorsque l'on clique dessus avec sa souris la page ou l'information qui lui est liée s'affiche. C'est cela qui rend la consultation de pages web dynamique et interactive.

Un **serveur** est un ordinateur dont la fonction est de stocker des informations et de les mettre à disposition d'utilisateurs qui émettent des requêtes. Par exemple, un serveur de mail stocke tous les mails à destination d'un groupe d'utilisateur et les transmet localement à l'ordinateur de l'utilisateur lorsque celui-ci se connecte. Un serveur Web stocke le contenu des pages d'un site web et les transmet aux internautes qui tapent l'adresse du site dans leur navigateur.

Les utilisations courantes d'Internet

Les **portails** ont pour fonction de regrouper et de référencer par thème en un gigantesque annuaire les pages web publiées sur Internet. Il existe des portails généralistes tels que Yahoo!, ou spécialisés tels que sail-online. com, pour les passionnés de voile.

Un **moteur de recherche** se présente généralement comme une page web, dans laquelle on vient inscrire des mots à partir desquels on souhaite trouver des pages web. La fonction du moteur de recherche est de chercher dans l'ensemble des pages web accessibles sur Internet dans le monde quelles sont celles qui contiennent le contenu le plus pertinent par rapport aux mots spécifiés. Il en existe de nombreux, dont le plus célèbre est Google. C'est aussi une fonction généralement offerte par de nombreux portails.

Un **Webmail** est un système de courrier électronique dont l'interface est entièrement gérée en ligne. L'utilisateur ne télécharge pas ses messages sur son ordinateur et ne les écrit pas sur son ordinateur avant de les transmettre, mais effectue toutes ces opérations sur un site web. L'avantage est de pouvoir consulter ses messages depuis n'importe quel ordinateur connecté à Internet et non pas uniquement depuis son ordinateur personnel. Il en existe de nombreux, indépendants ou affiliés à des portails généralistes (Hotmail, Yahoo!...).

Chat ou T'chat vient de l'anglais «*to chat*» qui signifie discuter, causer. Ce sont des sites Internet qui permettent la discussion par écrit en temps réel entre plusieurs ordinateurs connectés à Internet.

Les **forums** sont des sites sur lesquelles chacun peut s'exprimer par écrit à propos d'un sujet précis. Les forums sont totalement libres d'accès ou bien parfois animés par un modérateur qui propose les sujets de discussion et accepte ou rejette la participation des intervenants. Les messages sont sauvegardés et consultables par les internautes.

La **Voix sur IP**, abrégée VoIP pour *Voice over IP*, est un principe permettant de transmettre des conversations téléphoniques via Internet. L'avantage, c'est que la voix véhiculée par Internet coûte moins cher aux opérateurs que par le réseau téléphonique traditionnel. En effet le trafic Internet est véhiculé sur des réseaux à commutation de paquets plus économiques que les réseaux téléphoniques classiques à commutation de circuits (voir encadré page 110). C'est donc également beaucoup moins cher pour l'utilisateur final, néanmoins la qualité est parfois dégradée.

Webcam est l'abréviation de *web camera*, c'est une petite caméra que l'on installe chez soi et qui permet de transmettre des petites vidéos via l'Internet et de faire de la vidéo conférence en direct.

Les **pages personnelles** sont des pages web publiées librement par les internautes, que n'importe qui peut venir consulter. Les sujets traités varient à l'infini, car chacun peut simplement y faire figurer ce qu'il veut, à partir de textes, photos et images ainsi que de documents audio et vidéo. Cela permet à chacun de raconter sa vie ou bien de partager sa passion de la philatélie, de la Formule 1 ou de la décoration d'intérieur.

Les **blogs** sont des pages personnelles éditées à l'aide d'un outil de publication extrêmement simple, mettant réellement à la portée de tous la création de pages personnelles. Blog est l'abréviation de *web log*, c'est-à-dire journal intime sur le web, car il permet une mise à jour rapide et aisée de son site, et nombre d'internautes trouvent ainsi plaisir à se raconter au jour le jour sur Internet. Mais on peut créer un blog dans le but de publier absolument n'importe quel contenu. C'est un usage qui connaît un développement fulgurant, et le nombre de blogs publié sur Internet est incalculable. C'est une manifestation du besoin que nous avons de nous exprimer et de partager nos idées, nos points de vues et nos expériences, faisant à présent du contenu « auto-produit » l'une de source les plus importantes de contenu sur le Net.

Cela représente une évolution importante dans le statut des internautes qui ne sont plus de simples visiteurs mais deviennent aussi auteurs de contenu. Cette tendance s'accentue avec l'émergence des **Wikis**. Un Wiki est un site Internet doté d'une fonction « modifier la page », qui permet au lecteur de passer instantanément au statut d'auteur, sans aucune connaissance de langage de programmation. *Wiki Wiki* signifie « rapide » en hawaïen et illustre cette possibilité extrêmement simple et intuitive de créer et modifier les pages d'un site que l'on consulte. Un Wiki est donc un « bien commun » sur lequel chaque utilisateur peut opérer une transformation. Un Wiki peut être totalement ouvert ou bien restreint à une communauté fermée d'internautes, par exemple les membres d'une même association peuvent décider de créer un Wiki pour lequel seuls les membres de l'association auront les droits de création et de modification de pages.

Le site Wikipedia (www.Wikipedia.org) est une illustration du concept de Wiki. C'est une encyclopédie en ligne sur le mode Wiki, ouverte, à laquelle n'importe quel internaute peut contribuer. Créée en 2001, elle regroupait en 2006 déjà plus de 4 millions d'articles dans plus de 200 langues différentes, dont plus de 300 000 articles en français. Il existe bien sûr un risque que le contenu publié de cette manière ne soit pas juste ou même malveillant. Mais ce risque est minoré par le nombre très important de contributeurs, dont l'addition des connaissances individuelles permet de garantir la pertinence des articles, et qui censurent les contributions erronées ou malintentionnées. Il existe également de grandes règles de contribution dont le respect est assuré par des modérateurs.

Conclusion

Vous voilà parvenu au terme de cet ouvrage. Sans doute celui-ci vous a-t-il permis de mieux comprendre ce qu'est Internet et comment cette technologie s'est développée, héritage de nombreuses découvertes techniques depuis l'invention de l'électricité domestique.

L'électricité est la découverte fondatrice qui a permis l'essor de l'électronique et des ondes, avant l'ère des télécommunications et des ordinateurs, qui ont finalement donné naissance à l'Internet.

Si l'électricité est à l'origine du développement de toutes ces technologies, chacune des inventions et découvertes, que ce soit dans le domaine de l'électronique, des ondes ou de l'informatique, se sont enrichies mutuellement au fil du temps pour progresser. Chaque découverte devient ainsi un élément permettant le développement des autres.

La convergence récente de ces technologies est également fort notable. En effet, ordinateur, téléphone et télévision ont tendance à se mêler, les récepteurs devenant hybrides. Les contenus traditionnellement cantonnés à un média en particulier sont accessibles de multiples façons. Par exemple, la télévision est aujourd'hui disponible via la prise téléphonique ou sur ordinateur, de même que la messagerie électronique, un temps réservé aux ordinateurs, est à présent disponible sur le téléphone portable.

Il faudra sans aucun doute bientôt ajouter d'autres rubriques à ce livre, tant les innovations se multiplient, phénomène accéléré par une diffusion de plus en plus large des technologies et l'accroissement du nombre d'êtres humains qui contribuent à leurs développements.

Chronologie

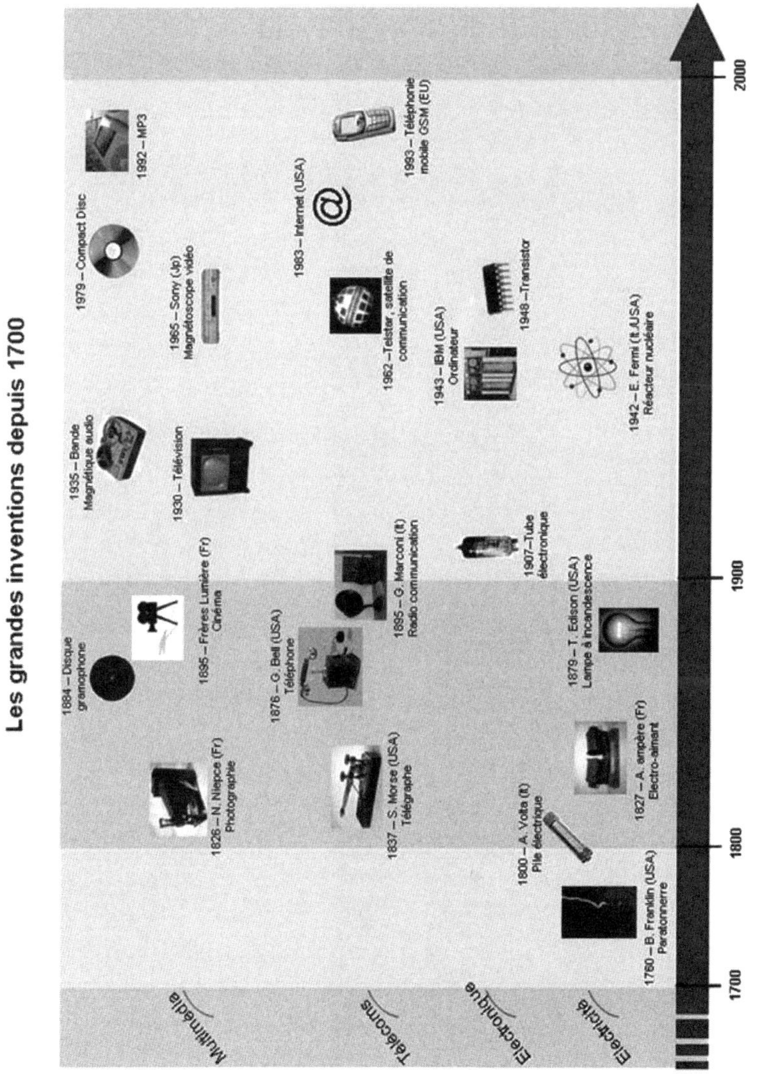

Glossaire

A	**Ampère** *Unité de mesure de l'intensité électrique*
ADSL	**Asymetric Digital Subscriber Line** *Technique de transmission de données sur ligne téléphonique*
AM	**Amplitude Modulation** Modulation d'Amplitude *Technique de modulation des ondes radio*
Binaire	*Base de calcul qui utilise deux chiffres uniquement*
Bit	**Binary Digit** *Unité élémentaire en mode binaire*
Blog	**Web Log** *Page Internet personnelle dont la création et la mise à jour est très simple*

Byte *Mot anglais pour octet*

CD **Compact Disc**
Support numérique sur lequel on peut enregistrer de la musique ou des données

CD-ROM **Compact-Disc Read Only Memory**
CD sur lequel on enregistre des données informatiques

DVD **Digital Video Disc**
Support numérique sur lequel on peut enregistrer des vidéos

e-mail **Electronic Mail**
Courrier électronique

FM **Frequency Modulation**
Modulation de fréquence
Technique de modulation des ondes radio

GO **Grandes Ondes**
Bande de fréquence des ondes radios

GPRS **General Packet Radio Service**
Technique de transmission de données sur les réseaux de téléphonie mobile

GSM **Global System for Mobile Communication**
Norme de téléphonie mobile

Hz **Hertz**
Unité de mesure de la fréquence

I-Mode *Technologie de transmission de données sur les réseaux de téléphonie mobile*

IP **Internet Protocol**
Norme informatique de transmission de données

JPEG **Joint Photographic Experts Group**
Norme de compression d'image

kHz **kilohertz**
Équivaut à mille hertz

kWh **kilowattheure**
Équivaut à mille watts par heure

LW **Long Wave**
Bande de fréquence des ondes radio

MHz **Voir Hz- Megahertz**
Équivaut à mille kilohertz

MP3 **MPEG-1 Audio Layer-3**
Technique de compression audio

MPEG **Moving Picture Experts Group**
Technique de compression audio-vidéo

MW **Medium Waves - ondes moyennes**
Bande de fréquence des ondes radio

Numérique *Qualifie le domaine de l'électronique qui utilise des grandeurs binaires*

OC **Onde Courte**
Bande de fréquence des ondes radio

octet *Équivaut à 8 bits*

PO **Petites Ondes**
Bande de fréquence des ondes radio

SMS **Short Message Service**
Service de transmission de courts messages texte sur les téléphones mobiles

SW **Short Wave**
Bande de fréquence des ondes radio

TNT **Télévision Numérique Terrestre**
Technique de transmission hertzienne de la télévision en mode numérique

TSF **Télégraphie Sans Fil**
Première technique de communication par ondes radio

UMTS **Universal Mobile Telecommunications Service**
Norme de téléphonie mobile dite de 3e génération

V **volt**
Unité de mesure de la tension électrique

VHS **Video Home System**
Format de cassettes vidéo

VoIP **Voice over Internet Protocol**
Voix sur IP
Technique de transmission de la voix par Internet

W **watt**
Mesure de puissance

Web **World Wide Web**
Équivalent d'Internet

Wi-Fi **Wireless-Fidelity**
Technique de transmission de données par ondes radio

Wiki *Site Internet modifiable par le lecteur*

Crédits photographiques

Page 8, foudre : C. Clark - National Oceanic and Atmospheric Administration Central Library, National Severe Storms Laboratory Collection, USA.

Page 17, transformateur triphasé ; page 22, tube électronique : René Balderacchi

Page 18, poste de transformation : Laurent WEYL © Mediathèque RTE

Page 23, calculatrice HP 9100 : © Hewlett-Packard Company

Page 23, montre Timex 5E781 : © Timex

Page 30, thermomètre Oregon Scientific EMR 899 : © Oregon Scientific

Page 71, poste téléphonique Bailleux (1900) : Christophe Ravaute © France Télécom ; page 73, Minitel 2 Philips © France Télécom ; page 75, Carte du réseau ADSL en Ile de France, Unité de Réseau Sectoriel Noisy le Grand : Jacques Valat © France Telecom ; page 79, Bureau Téléphonique 1940 : © France Telecom

Page 105, skitter : Cooperative Association for Internet Data Analysis (CAIDA) © UC Regents 2005

Achevé d'imprimer sur les presses de l'Imprimerie BARNÉOUD
B.P. 44 - 53960 BONCHAMP-LÈS-LAVAL
Dépôt légal : février 2007 - N° d'imprimeur : 702006
Imprimé en France